Peter Ekl
Blütentherapie
und
Naturerfahrung

Edition Tirta

Danksagung

Zum Entstehen dieses Buches haben viele Menschen beigetragen. Vor allen ist hier den Teilnehmern der Kurse zu diesem Thema zu danken, die mich an ihren Erfahrungen teilhaben ließen. Einige von ihnen haben selbständig intensiv weitergearbeitet und mich die ganzen Jahre über ihre Ergebnisse unterrichtet. Stellvertretend seien Sabine und Wolfgang Engelhardt und Renate Ollenhauer genannt - Euch allen Danke, ohne Euch hätte ich vieles nie begriffen! Dank gilt auch Rudolf Wagner für seine Freundschaft und Begleitung, insbesondere für das gemeinsame Gespräch mit dem Kürbis. Für „Geburtshilfe" danke ich Claudia Neu-Metzer und Wolfgang Metzer. Für die Ermutigung in schweren Umständen seien Inge und Jurrinan Smit bedankt. Schließlich danke ich Volker Scherer, dessen großzügige Unterstützung die Fertigstellung der Endfassung entscheidend befördert hat.

„...Hahnemann machte einen großen Fortschritt
und brachte uns ein gutes Stück weiter auf dem Wege,
aber er hatte nur die Zeit eines Menschenlebens für dieses Werk,
und so ist es an uns, seine Forschungen weiterzuführen,
wo er aufgehört hat...
Wir bringen sein Werk nur ein Stück voran und tragen es
auf die nächste, natürliche Ebene weiter..."

Edward Bach: Ihr leidet an euch selbst
(Ansprache in Southport, Februar 1931)[1]

Peter Ekl

Blütentherapie und Naturerfahrung

Edition Tirta

Impressum

Peter Ekl
Blütentherapie und Naturerfahrung

erschienen in der
Edition Tirta
des REISE KNOW-HOW Verlages Peter Rump GmbH, Bielefeld

© 1997 Peter Rump, alle Rechte vorbehalten.

Gestaltung:
Umschlag: 2C, Bielefeld
Inhalt: Gunda Urban, Bielefeld
Fotos: Peter Rump (Seite 8, 43, 79, 123, 172, 177, 182, 185,
III u, IV o+u, XVI o, XIII u), alle anderen Peter Ekl

Herstellung:
Fuldaer Verlagsanstalt GmbH, Fulda

ISBN 3-89416-782-3

PRINTED IN GERMANY

Dieses Buch ist erhältlich in jeder Buchhandlung der BRD, Österreichs,
der Niederlande und der Schweiz.
Bitte informieren Sie Ihren Buchhändler über folgende Bezugsadressen:
Deutschland: Prolit GmbH, Postfach 9, 35461 Fernwald (Annerod)
Schweiz: AVA-buch 2000, Postfach 89, CH-8910 Affoltern
Österreich: Mohr Morawa Buchvertrieb GmbH, Sulzengasse 2, A-1230 Wien

Wer im Laden trotzdem kein Glück hat, bekommt unsere Bücher
gegen Voreinsendung des Kaufpreises plus 4,50 DM für
Porto und Verpackung (Scheck im Brief) direkt bei:
Rump-Direktversand, Heidekampstr. 18, 49809 Lingen (Ems)

Inhalt

Wie hat Doktor Bach das gemacht?	**9**
Mensch und Natur	**15**
Paradiesische Zustände	15
Hexen und Schamanen	16
Moderne Zeiten	18
Neue Wege	22

**Ein-
führung**

Mit Blüten sprechen	**24**
Was damit gemeint ist	24
Persönliche Klärung	27
Suchen der passenden Pflanze	29
Betrachtung des Sichtbaren	33
Innere Schau	35
Nachbereitung	38
Hinweis auf mögliche Nebenwirkungen	42
Was ist eine Blütenessenz?	**44**
Vorbereitungen	**46**
Landschaft und Pflanzen	46
Wildpflanzen oder Kulturpflanzen?	49
Wieviele Blüten für eine Essenz?	50
Giftige Pflanzen	51
Die Blüten	54
Das Wetter	55
Das Wasser	56
Alkohol	60
Geräte	61

**Die
Herstel-
lung von
Blüten-
essenzen**

Die Herstellungsmethoden	**65**
Tautropfenmethode	64
Sonnenmethode	66
Kochmethode	68
Eintauchmethode	71
Tropfmethode	73
Weitere Zubereitung und Dosierung	75

Bilder und Bot- schaften

Familien in der Pflanzenwelt	**81**
Signaturen	**84**
Aspen, Zitterpappel	88
Primelgewächse	**91**
Das Alpenveilchen	91
Blütenessenzen aus der Primelfamilie	94
Geißblattgewächse	**96**
Der Wollige Schneeball	98
Die Geißblättrige Heckenkirsche	100
Blütenessenzen aus der Geißblattfamilie	103
Doldenblütler	**105**
Der Bärenklau	105
Blütenessenzen der Doldenblütler	109
Balsaminengewächse	**112**
Das Drüsentragende Springkraut	113
Rührmichnichtan	115
Blütenessenzen der Balsaminengewächse	117
Nelkengewächse	**118**
Der Einjährige Knäuel	119
Blütenessenzen der Nelkengewächse	121
Rachenblütler	122
Der Augentrost	124
Blütenessenzen der Rachenblütler	126
Hahnenfußgewächse	**130**
Die Gemeine Waldrebe	132
Blütenessenzen aus der Hahenfußfamilie	136
Nachtkerzengewächse	**137**
Das Schmalblättrige Weidenröschen	138
Blüteness. aus der Gatt. der Weidenröschen	142
Die Kleinblütige Nachtkerzen	143
Blüteness. aus der Gatt. der Nachtkerzen	145
Die Fuchsie	146

Knöterichgewächse   **147**
Der Krause Ampfer   148
Blütenessenzen der Knöterichgewächse   153

Schmetterlingsblütler   **154**
Der Weisse Klee   157
Blütenessenzen der Schmetterlingsblütler   160

Korbblütler   **162**
Die Sonnenblume   164
Die Sumpfschafgarbe   169
Blütenessenzen der Korbblütler   172

Übungen   **Anhang**
Warum Übungen?   178
Übung 1 - 15   180
Anmerkungen, Literaturhinweise   188

Register
Stichwortverzeichnis   196
Pflanzenverzeichnis, deutsch und englisch   202
Pflanzennamen, botanisch   205

Der Autor   **208**

Einführung

„Wie hat Doktor Bach das eigentlich gemacht?"

Aus dieser Frage ist das vorliegende Buch entstanden. Sie hat den Autor beschäftigt, seit er mit der Blütentherapie in Kontakt kam und taucht mit schöner Regelmäßigkeit auf, wenn in Einführungskursen zur Blütentherapie die Entstehungsgeschichte dieser Naturheilweise besprochen wird. Diese Geschichte kann ausführlich in vielen Büchern nachgelesen werden, darum wird sie hier nur ganz kurz zusammengefaßt: Edward Bach, ein englischer Arzt, kommt über die Schulmedizin, die Erforschung der Darmbakterien und die Homöopathie schließlich zu einem ganz eigenen Ansatz. Er betrachtet bei seinen Patienten immer weniger den körperlichen Zustand, sondern konzentriert sich auf die mit der Erkrankung verbundenen seelischen Veränderungen. In der Seele sucht er die eigentliche Ursache der Krankheit, und so verordnet er seine neuentwickelten, aus bestimmten Darmbakterien hergestellten Mittel nach der seelischen Stimmung des Erkrankten. Gefühle wie Angst, Schwermut oder Ungeduld, wie sie besonders deutlich *während des Erkrankens* spürbar werden, sind seine „Leitsymptome". Er hat auch schon gute Erfolge bei damals (20er Jahre dieses Jahrhunderts) von der Schulmedizin schwer behandelbaren Krankheiten. Mit der Zeit erweitert sich seine Arbeitsweise zu einer größeren Vision. Er möchte seine Bakterienmittel durch Pflanzen ersetzen, die einen jeweils genau bestimmten heilenden Einfluß auf die Gefühle haben, die er als Zeichen des zugrundeliegenden krankmachenden seelischen Konflikts erkannt hat. Und er möchte eine einfache Methode erfinden, um aus diesen Pflanzen eine neue Art von Heilmitteln zu bereiten, die ganz frei von

Nebenwirkungen sind. Es soll eine „neue Medizin" entstehen, die jeder Mensch verstehen und anwenden kann, auch die notwendigen Pflanzenpräparate sollen von allen Interessierten selbst zubereitet werden können. Edward Bach verwirklicht diese Vision. In wenigen Jahren findet er achtunddreißig Pflanzen, entdeckt ihre seelischen Heilkräfte und stellt aus ihren Blüten auf neuartige Weise Essenzen her, die als „Bachblüten" bekannt werden.

An dieser Stelle taucht nun die besagte Frage auf – wie fand Bach die Verbindung zwischen einem bestimmten Seelenzustand und einer bestimmten Pflanze?

Er war ja in der freien Natur unterwegs, und als er seine erste Blüte fand, hing da sicher kein Schildchen dran: „*Mimulus guttatus*, Gauklerblume, gut bei Angstzuständen, wenn die Angst benennbar ist." Es gab auch kein Lexikon, in dem er hätte nachschlagen können, kein Kräuterweiblein konnte ihm mit überlieferter Weisheit aushelfen, und am allerwenigsten hätte ihm eine chemische Analyse des Inhalts geholfen, die nur Stoffe benennt und doch keinen Bezug zur menschlichen Seele finden kann.

In der einschlägigen Literatur wird diese Frage mehr umschrieben als beantwortet wie in Nora Weeks Bachbiographie: „... *Er brauchte nur ein Blütenblatt oder eine Blüte selbst in die Hand zu nehmen oder sie auf seine Zunge zu legen, und schon verspürte er in seinem Körper die spezifischen Reaktionen auf die Wirkkraft der jeweiligen Pflanze (...). Er sagte, daß er früher in seinem Labor mit Hilfe der Instrumente die gleiche Arbeit geleistet habe wie heute mit den Sinneskräften seines Körpers. Jedoch sei er besser ausgestattet als jedes Labor; denn keine wissenschaftliche Apparatur arbeite so gut und bringe so zuverlässige Resultate wie die Instrumente, die der Schöpfer dem Menschen schon in seinem Körper mitgegeben habe – nämlich die Sinne und seine Intuition."* Und an anderer Stelle: „...*er wußte intuitiv, daß diese Blume das von ihm gesuchte Heilmittel (...) sei. In solchen Augenblicken erfüllte ihn das gleiche innere Wissen, das einen Musiker oder Dichter zu ihren Kunstwerken inspiriert. "*[2]

Angesichts solcher Fähigkeiten könnte uns schon der Mut verlassen. Wir sagen uns, Edward Bach sei eine einmalige Erscheinung mit übermenschlichen Fähigkeiten gewesen, und uns mit „normaler" Zunge und Wahrnehmung Begabten bliebe nur der blinde Glaube an sein Werk. Damit verböte sich auch alles Hinterfragen und Weiterdenken. Die Blütentherapie müßte dann auf immer so bleiben, wie sie Bach hinterlassen hat.

Vielleicht war das auch Bachs Absicht. Er selbst hat den größten Teil seiner Forschungsaufzeichnungen vernichtet, aus denen seine Arbeitsweise ersichtlich gewesen wäre.[3] Was wir davon wissen, stammt meist aus den Erzählungen seiner Mitarbeiter, also aus zweiter Hand. So freigiebig er auch mit seinen Endergebnissen war, in dieser Hinsicht war er zurückhaltend – ein guter Grund dafür kann gewesen sein, daß er der neuen Methode, ihren Anwendern und Patienten, die Anfangszweifel ersparen wollte, die alles Unerprobte mit sich bringt. Alles sollte klar und eindeutig sein; dafür spricht auch, daß er seine Blütenbeschreibungen immer weiter bis auf zwei oder drei Sätze für jedes Seelenthema vereinfacht hat. Und sehr wahrscheinlich hat diese Eindeutigkeit auch tatsächlich einen guten Teil dazu beigetragen, daß sich die Blütentherapie etablieren konnte.

Heißt das auch, daß wir uns damit zufrieden geben müssen, daß unsere eingangs gestellte Frage unbeantwortet bleibt? Der Autor dieses Buches glaubt das nicht. Wie sollten wir auch, gerade wenn es um unsere Gesundheit geht, wo alles nach mehr Selbstverantwortung schreit und bei einer Heilweise, die an die Wurzel der Krankheit rühren will! Wie sollten wir uns damit abfinden, die wir in einer Kultur leben, in der das Forschen, Hinterfragen, Beweisesuchen, wie es uns die Naturwissenschaft lehrt, in alle Lebensgebiete hineinspielt? Ob wir es gut finden oder nicht: Es fällt uns schwer, zu glauben, ohne zu sehen.

Die Forschungsmethoden der Naturwissenschaft helfen uns aber in diesem Fall nicht viel weiter. Ein Blindversuch, wie er zum Testen chemischer Arzneistoffe üblich ist,[4] sagt uns nichts Wesentliches über die Wirkung einer Blütenessenz. *Daß* Blütenessenzen grundsätzlich eine Wirksamkeit besitzen, konnte in einer amerikanischen Untersuchung belegt werden,[5,6] *welchen* Seelenzustand eine bestimmte Blütenessenz aber anspricht, entzieht sich dem heutigen naturwissenschaftlichen Forschungsansatz. Der wichtigste Grund dafür ist, daß die unendlich vielfältigen menschlichen Gefühle sich nicht in ein „objektives" Meßsystem (also in Zahlen) fassen lassen; genaugenommen ist denn auch die menschliche Seele in *allen* ihren Regungen naturwissenschaftlich unbewiesen. Darum vertreten ganz strengläubige Anhänger der Naturwissenschaft auch den Standpunkt, es gäbe so etwas wie die menschliche Seele als eigenständiges Element des menschlichen Wesens überhaupt nicht.

Aber wir können Edward Bach auf einer anderen Weise auf die Spur kommen: Durch die eigene Erfahrung.

Nehmen wir einmal an, er hätte eine Fähigkeit genutzt, mit der er selbst genial begabt war, die aber doch eine ganz „normale" menschliche Fähigkeit ist. Dann wäre es uns allen gegeben, die Beziehungen der Pflanzen zur menschlichen Seele wahrzunehmen, und nur der Grad der Begabung unterschiede uns vom Genie Bach. Dann könnten wir eigene Erfahrungen machen und unser Urteil über die Grundlagen der Blütentherapie aus der eigenen Anschauung schöpfen. Edward Bachs Werk könnte uns ein Anstoß zur eigenständigen Kommunikation mit der Pflanzenwelt sein, so wie z.B. die Musik Mozarts eine Anregung zum Musizieren ist. Da erwartet ja auch niemand, daß wir in Ehrfurcht erstarren und das Komponieren oder Musikspielen bleiben lassen, nur weil er so genial war. Der Autor hat über Jahre mit vielen Menschen unter der Voraussetzung gearbeitet, daß wir alle die seelischen Entsprechungen in Pflanzen wahrnehmen können, und ausnahmslos jede/r war in der Lage, derartige Erfahrungen zu machen. Bei aller Verschiedenheit der Begabung und Intensität des Erlebens ist es doch möglich, persönlich nachzuvollziehen, was Edward Bach getan hat. Dabei lassen wir offen, ob er auf genau demselben Weg zu seinen Ergebnissen kam, solange nur das Wesentliche geschieht: das bewußte Erfahren der seelischen Beziehungen zwischen Blüten (-pflanzen) und Mensch.

Dieses Buch möchte einen Weg zeigen, diese Fähigkeit zu entdecken und zu üben.

Wenn die „Verständigung mit der Natur" hier auch von der Blütentherapie her betrachtet wird, spielt doch noch ein allgemeinerer Zusammenhang mit hinein. Wir wissen heute, dank der Naturwissenschaft, ungeheuer viel über die feinsten ökologischen Zusammenhänge. Gleichzeitig scheinen wir aber unfähig zu sein, daraus Konsequenzen zu ziehen und unser Verhalten entsprechend zu ändern. Die Natur als Wesen hat sich in eine Masse von abstrakten Einzelheiten aufgelöst. Das hilft uns, bestimmte Dinge zu unserem Nutzen zu beherrschen und zu manipulieren.

Um aber verantwortungsbewußt und respektvoll handeln zu können, bedarf es eines Gegenübers: Ein Haufen Einzeldetails, und seien sie noch so faszinierend, fordert von uns nichts. Schon einem menschlichem Gegenüber diese achtsame Haltung entgegenzubringen, fällt zuweilen schwer, obwohl wir mit ihm reden können und es seine Interessen selbst vertreten kann.

Die Blütentherapie könnte sich da als Übungsweg erweisen, weil sie darauf beruht, daß Bach mit den Pflanzenwesen kommuniziert hat. Es war ein „Gespräch" in dem Sinn, daß er sie etwas gefragt und Antwort erhalten hat. Wer es ihm nachmachen will, wird angeregt sein, einen viel konkreteren, faßbareren Begriff von der

Natur zu entwickeln und letztlich auch sein Verhalten zur Mitwelt zu ändern.

Noch etwas soll gleich anfangs klargestellt werden. In den letzten Jahren sind einige Bücher über die Kommunikation mit der Natur erschienen,[7,8] in denen viel von den Devas, den Pflanzenfeen und Engeln die Rede ist und die auch lange Gespräche mit ihnen Wort für Wort wiedergeben. Eine solche Art von Gespräch mit der Natur ergibt sich zwar für manche Menschen durch die hier geschilderten Methoden, die Absicht dieses Buches ist aber eine andere. Hier geht es weniger um allgemeingültige Erkenntnisse über „das Universum, das Leben und all das",[9] sondern erst einmal um Einsicht in die ganz persönliche Situation. Da hilft *ein* Wort, *ein* Bild, *ein* klar empfundener Gedanke oft mehr als lange Seiten gedruckter Weisheiten. Unser Ziel liegt damit in einer für alle Interessierten auch wirklich erreichbaren Nähe. Aber sollte Dir, liebe Leserin, lieber Leser, auf dem beschriebenen Weg auch ein Engel begegnen, so freue Dich und nimm ihn an. Es ist ein Geschenk und eine Gnade, und der Dank ist an eine andere Adresse zu richten.

Eine letzte Vorbemerkung zur Form der Anrede. Der Autor ist sich dessen wohl bewußt, daß die vertrauliche Anrede mit „Du" von manchen Menschen als störend empfunden wird. Trotzdem hat er durchgehend diese Form gewählt, weil die direkte Anrede in diesem Buch überwiegend bei Fragen erscheint, die sich die Lesenden selbst stellen sollen oder normalerweise mit Menschen besprechen, mit denen Sie vertraut sind. Für beides ist die förmliche Anrede unpassend. Letzlich ist es wichtiger, die Anleitungen flüssig und leicht faßbar zu halten, als die bloße Form zu wahren. Für die wenigen anderen Anreden dann zum „Sie" zu wechseln, wäre auch nur verwirrend gewesen. Der Autor hofft, es ist trotzdem zu bemerken, daß er den Lesern und Leserinnen mit Respekt begegnen will.

Mensch und Natur

Paradiesische Zustände

In uns allen lebt als Ahnung eine Erinnerung, daß wir wirklich einmal in paradiesischen Zuständen gelebt haben. Diese Vorstellung findet sich nicht nur in der Bibel, sondern auch in den Schöpfungsmythen vieler Völker der ganzen Welt.

Das Paradies hat mit dem Gedanken der Einheit zu tun: Der Mensch und die Schöpfung sind eins, wie Äste desselben Baumes. Die Grenze zwischen den Naturreichen ist da noch fließend, Verwandlung von Mensch zu Tier zu Pflanze noch möglich. In den Märchen klingt das an – der Baum, der Aschenputtel beschenkt, wächst aus dem Grab der Mutter, er *ist* ihre Mutter; überhaupt gehören sprechende Pflanzen und Tiere in diese Welt. Sie erzählt davon, daß wir uns alle sehr nahe waren. *„Mitakuye Oyasin"* – „alle unsere Verwandten" ist ein Segensspruch, den die Lakota-Indianer beten, und mit dem sie die Naturreiche anreden, die Tiere, Pflanzen und Steine.

In der Urzeit wurden die Naturerscheinungen aus der Einheit heraus verstanden, das Wetter, das Verhalten der Tiere und die Eigenarten der Pflanzen. Es war ein naheliegendes und selbstverständliches „Wissen", unreflektiert, vergleichbar unserer heutigen Wahrnehmung des eigenen Körpers; wir „wissen" unsere Zähne zum Kauen zu gebrauchen und unsere Hände zum Greifen. Wir können uns das so vorstellen, daß ein damaliger Mensch einer Pflanze nur gegenübertreten mußte, und sofort wußte, was es mit ihr auf sich hat. Ob sie eßbar und von welcher Art ihre Nährkraft ist, wie sie schmeckt, für welche Krankheiten sie heilkräftig ist, wie sie zubereitet werden muß, ob sie giftig ist und wie diese Eigenschaft, vielleicht als Pfeilgift oder Rauschmittel, anzuwenden sei. Wir waren vollkommen eins mit dem Lebewesen Erde, aber auch unbewußt, mehr träumend als wach: „Die Traumzeit" nennen es die Ureinwohner Australiens.

Ein Bild für das Ende dieser Zeit ist das „Essen vom Baum der Erkenntnis": *„Da wurden ihrer beiden Augen aufgetan, und sie wurden gewahr, daß sie nackt waren..."* [10] Jetzt wurden Gut und Böse unterscheidbar, das Tun und das darüber Nachdenken; aber auch die Natur und der Mensch wurden dadurch getrennt. Wir konnten jetzt einen Unterschied machen zwischen Ich und Du, Mensch und Natur, wir konnten gegen das große Ganze handeln, und taten es auch immer wieder. Zwei Welten waren entstanden, die des Menschen und die der Natur.

Hexen und Schamanen

In allen Kulturen des Menschen blieb die Erinnerung an die ursprüngliche Einheit des Lebendigen ein Leitbild, solange die Menschen direkt in und von der Natur leben. Die Natur ist noch mächtig und allgegenwärtig. Neben der eigenen Geschicklichkeit ist es die Gunst und Ungunst des Wetters, das Erscheinen von jagdbarem Wild und die Fruchtbarkeit des Bodens, also die Gaben der Naturwesen, die das Leben bestimmen. Die Menschen leben im Umgang mit den Naturgeistern, fragen sie um Rat, bitten und beeinflussen sie, und suchen ihre Hilfe, wenn ein Mitmensch krank ist. Sie tun es, weil sie hinter den Erscheinungen noch das Geistige spüren können. Die Jagd und das Essen von Fleisch ist immer auch eine Kommunion mit den entsprechenden Tiergeistern, auch die Nahrungspflanzen sind Geschenke geistiger Wesen, die den Segen der Mutter Erde offenbaren.

Doch verdunkelt sich diese Gewißheit auch immer mehr. Zunehmend wird es eine Sache von Spezialisten, besonders begabter Frauen und Männer, die Verständigung mit den Naturgeistern aufrechtzuerhalten. Diese „Kontaktleute" werden Schamanen genannt, weil sie bei einem sibirischen Volk so hießen, wo sie erstmals erforscht wurden. Es gab und gibt aber auf der ganzen Welt solche Kulturen. In Mitteleuropa ist diese Tradition wohl mit den Hexenverfolgungen ausgerottet worden, aber in Skandinavien bei den Samen war sie noch bis in dieses Jahrhundert lebendig.

Schamanen reisen in die Welt der Naturgeister, um die Anliegen ihrer Stammesmitglieder zu vertreten, sie bilden die Brücke zur verlorenen Einheit, bringen Ratschläge und Anweisungen mit und verbinden so die „andere Welt" mit dem täglichen Leben in dieser Welt. So sind sie in gewisser Weise auch Anwälte der Natur, denn sie vertreten deren Rechte aus der inneren Wahrnehmung heraus, ohne sie weiter mit den Maßstäben der Nützlichkeit begründen zu müssen. Sie kommen so zu Verhaltensweisen, die einem Mitglied der „modernen" Zivilisation wenig effizient, unlogisch oder ganz und gar rätselhaft erscheinen; trotzdem oder vielleicht gerade deswegen haben viele dieser Kulturen ein bemerkenswert stabiles Gleichgewicht mit ihrer natürlichen Umgebung erreicht.

Für die überwiegende Anzahl der Menschen ist diese Zeit lange vorbei. Viele schamanische Kulturen haben ihre innere Kraft verloren, weil ihnen die Welt der Naturgeister immer unzugänglicher wurde; sie erschöpften sich in leeren Ritualen und lähmender Angst vor den Geistern. Manche Schamanen erzählen, daß der Gebrauch von bewußtseinsverändernden Pflanzen, wie er in einigen schamanischen Kulturen zur Reise in die Geisterwelt üblich ist, auch ein Zeichen des Niedergangs sei. Sie erzählen, nur diese ziemlich heftigen Kräfte könnten die immer fester verschlossene Tür noch aufzwingen.[11]

Beim Kontakt mit den Massenkulturen neigen die

schamanischen Gesellschaften meist sehr schnell zum Zerfall. Ein Denken und Handeln nach Nützlichkeit, nach größtmöglichem Gewinn, ohne stete Rücksicht auf die Wesen hinter der Natur, erscheint dann wie eine Befreiung. Die Menschen möchten unabhängig werden von der Gunst der Naturkräfte und auch persönliche Freiheit erlangen von jetzt scheinbar unbegründbaren Tabus, Ritualen und engen Stammesbanden.

Für die Schamanen selbst verliert sich damit die Gemeinschaft, auf die sich ihr ganzes Tun bezieht. Damit unterliegt auch die kooperative Haltung dieser Kultur, die auf Zusammenarbeit auch der Mitwelt gegenüber bedacht ist, dem unterwerfenden, siegsuchenden Anspruch der Zivilisation.[12] Die Mittler verstummen und mit ihnen die Natur. In der Sprache der Märchen heißt es, die Feen und Trolle hätten sich zurückgezogen, als die Menschen begannen, die Felder mit dem Pflug zu bearbeiten. Sie mochten nicht mit ansehen, wie um des höheren Ertrages Willen Mutter Erde so verletzt wird. Auch Rumpelstilzchen, der fleißige Helfer, verschwindet (in der ursprünglichen Version des Märchens) auf Nimmerwiedersehen, nachdem er so übel um seinen gerechten Lohn geprellt worden ist.

Moderne Zeiten

Mit der westlichen technischen Zivilisation unternehmen wir Menschen den Versuch, uns weitgehend von der Natur abzunabeln. Unsere Naturwissenschaft erforscht die materiellen Erscheinungen bis ins Kleinste und Fernste und gibt uns das Wissen für eine Technik an die Hand, mit der wir ungeheure Macht auf die Mitwelt ausüben können. Von der Natur wird nur noch das Zähl- und Meßbare anerkannt, sie ist Materie und sonst nichts und wird auch wie ein beliebiges Material behandelt. Wir sollten also guten Mutes sein – endlich können wir uns die Erde wirklich untertan machen!

Doch eigenartig: Noch nie hat uns die Natur so viel Angst gemacht wie heute. Es ist eine gut verborgene Angst, doch ist bei genauerem Hinsehen mancher Staudamm, manche Wolfsjagd und mancher Tierversuch vom Standpunkt der Nützlichkeit aus völlig unerklärlich. Zwar wird alles mit scheinbar nüchternen Sachargumenten begründet, ist aber in seiner Blindheit für die wahren Ursachen und Folgen in vieler Beziehung mehr ein panischer Kampf gegen die Natur und ihre Unberechenbarkeit als ein vernünftiges Handeln.

Geradezu tragisch offenbart sich dieses angsterfüllte Reagieren in manchen Aspekten der modernen Medizin, die zuweilen ihre offensichtlichen Verdienste zu überwuchern drohen. Welch ein Gemetzel! „Kampf dem Herztod!", „Kampf dem Krebs!", ein endloser Krieg gegen die Schwächen unseres Körpers, den die Natur so anfällig und unzuverlässig gestaltet hat! Auffällig ist dabei, daß Krankheit keinen Platz und keinen Sinn im menschlichen Leben zu erfüllen scheint. Wie sollte sie auch Sinn haben, wenn der Mensch doch auch nur aus Materie besteht, seine Gefühle und Gedanken „Absonderungen des Gehirns" sind und nichts weiter. Verständlich ist die Panik vor dem Tod dann, wenn nach dem Sterben des Körpers alles aus ist, und so muß der Tod auch mit allen Mitteln verhindert werden. Der Natur *draußen* haben wir die Seele abgesprochen, damit wir sie beherrschen können, aber nun stoßen wir darauf, daß unserer *inneren* Natur damit auch Seele und Geist abhanden gekommen sind. Selbst die Religionen tun sich heute schwer, dem Geistigen, also Richtlinien, die über die materielle Existenz hinausweisen, noch Geltung zu verschaffen. Auch unsere unbezähmbare Seite, die sich in Träumen, Visionen, Gefühlen und Emotionen äußert, ist uns fremd geworden. Uns stört jetzt, was einmal Gegenstand intensiver Aufmerksamkeit war, in Ritualen und Festen gepflegt wurde. Was dort versöhnt werden sollte, soll jetzt beherrscht werden: Trauer und

Schmerz, überschäumende Freude und tiefe Melancholie, die Schmerzen von Übergangszeiten, wenn unser Leben sich verwandeln will – was uns auch beunruhigt, Ausdruck unserer unberechenbaren Eigenart ist, Äußerung einer „göttlichen Unzufriedenheit", hat keinen Platz mehr im geordneten Leben. So erklärt sich auch der völlig überzogene Gebrauch von Psychopharmaka, die verordnet werden (auch vielen Kindern!), um die kritischen Höhen und Tiefen der seelischen Reise zur geraden Schnellbahn des reibungsloses Funktionierens einzuebnen.

In den Romanen des „Cyberpunk" (einer Richtung der modernen Science-Fiction Literatur) wird diese Entwicklung zugespitzt weitergedacht. Oft ist diese gedachte Welt geprägt durch Phobie der Natur gegenüber. Nichts soll mehr natürlich sein: Der Mensch verläßt die Erde und lebt im sterilen Weltraum in künstlichen Umwelten, sein Hirn wird in Maschinen verpflanzt, die den gebrechlichen Körper ersetzen, das Denken durch entsprechende Substanzen beschleunigt und in jeder Beziehung manipuliert, wie es gerade nützlich erscheint. Letztlich wird dann das gesamte menschliche Bewußtsein in Computer eingespeist und „lebt" dann in der von der Technik vorgespielten simulierten Umwelt nach selbst gewählten Gesetzen – im *Cyberspace*.

Soweit diese Vision, bei deren Lektüre schon zu spüren ist, daß die Autoren Faszination und Schrecken gleichermaßen bewegt hat. Natürlich ist sie weniger eine Voraussage künftiger Ereignisse, als ein Spiegel heutiger Entwicklungen, also der Gegenwart. Wer jetzt meint, das wären nur Phantasien abgedrehter Spinner, könnte sich täuschen. Schon erscheinen Menschen auf der Bildfläche, die genau solche Vorstellungen ernsthaft zum Programm für die zukünftige Entwicklung der Erde und des Menschen erklären. In seinem Buch „Abschied von der Natur" prophezeit *B.-A. Bohnke*[13] den Untergang der Natur, die er als *veraltet und überholt* bezeichnet. Ihre *häßlichen und „boshaften"* Erscheinungsformen wie Katastrophen, Eiseskälte, Raubtiere und Giftpflanzen, Krankheitserreger und Ungeziefer einschließlich der zu Dummheiten verführenden menschlichen Gefühle und Bedürfnisse sind ihm nur ein Hindernis auf dem Weg, die Ideale der Aufklärung zu verwirklichen. Daß viele Menschen ein durchaus widersprüchliches Verhältnis zur Natur haben – sie einerseits idealisieren und sie auf der anderen Seite (unbewußt) ablehnen – zeigt sich (da könnte er wohl recht haben) in der fortbestehenden Teilnahme an ihrer weiteren Zerstörung. Hier gilt es laut Bohnke einen radikalen Schnitt zu machen, sich von der äußeren wie der inneren Natur zu emanzipieren *für ein Leben ohne „natürliche" Belastungen und Begrenzungen.* So ganz konsequent ist er aber dann doch nicht. Damit seine schöne neue Welt nicht ganz aus Beton besteht, schlägt er vor, doch ein bißchen künstliche „Technatur" anzulegen, mit pflegeleichtem und schadstoffresistentem Kunstrasen und ebensolchen Kunstbäumen, die Erde bedeckenden blauem Flor, tanzenden Baum-Blumen und tönenden Strauch-Gräsern. Mit der Vision von der Technatur offenbart sich eine Tatsache, die auch Bohnke einräumen muß, daß nämlich die Natur ein *Archetyp* ist. Als Archetyp werden Urbilder bezeichnet, die in den tiefen Seelenschichten aller Menschen der Welt lebendig sind und sich z.B. durch Träume oder in künstlerischen Äußerungen bemerkbar machen. Das bedeutet, daß die Natur als Urbild so fest in uns verankert ist, daß eine Existenz ohne sie schlicht und einfach nicht vorstellbar ist, und sei es zumindest in der geschilderten Comic-Version. Darum muß zur Verwirklichung des Programms zur Abschaffung der Natur der Mensch auch umerzogen, genetisch manipuliert und mit mechanischen Ersatzteilen versehen werden, um den *Kampf für die Technik* zu gewinnen. Nun kann es ja wahr sein, daß dieser Kampf wirklich einmal gewonnen sein wird. Dann drängt sich aber die Frage auf, um die sich Bohnke ebenso drückt, wie viele andere, die Aufklärung mit Materialismus verwechseln: Was bleibt vom Menschen, wenn ihm seine Gefühle, seine Träume, die Höhen und Tiefen des Lebens, die Rätsel seiner Existenz, der Bezug zum Geistigen genommen werden? Nichts, was der Rede (und eine Lebenszeit) wert wäre.

In unserer Zeit sind aber auch die modernen Umweltschutzbewegungen entstanden, die zeigen, daß manchen Menschen durchaus ein Mangel bewußt wird. Oft entsteht Umweltbewußtsein durch das Verschwinden der vertrauten Umgebung. Die Alleebäume, an denen wir täglich achtlos vorbeifahren, werden erst bemerkt, wenn sie abgeschnitten sind. Auf einmal wird es klar, wie schön und wohltuend sie gewirkt haben. Von Straßen unberührte Landschaften, die letzten Brutpaare einer vorher verbreiteten Vogelart, Wasser, einfach so aus der Quelle zu trinken: Wie wertvoll erscheint uns das vorher Wertlose, wenn es erst verschwunden ist. Die *Umwelt* wurde erst als *Umweltproblem* zum Begriff; solange sie klaglos funktionierte und praktisch folgenlos ausgebeutet werden konnte, existierte dieses Thema auch nicht im allgemeinen Bewußtsein. Solange wir noch in der Natur zu Hause waren, konnten wir sie nicht bewußt wahrnehmen. Es scheint wirklich so zu sein, als müßten wir die Mitwelt (und damit uns selber) erst an den Rand der Vernichtung bringen, um uns der Abhängigkeit von ihr wie der Verantwortung für sie klar zu werden.

Neue Wege

Es könnte scheinen, als wäre es ein fortlaufender Abstieg gewesen seit den Zeiten des Paradieses, und wir hätten nur verloren dabei. Wir haben aber einen für unsere Menschlichkeit ganz entscheidenden Gewinn gemacht: den Zuwachs an individueller Freiheit. Der

Mensch verliert das Paradies, weil er seinen freien Willen gebraucht, doch macht ihn genau das zum Menschen. Seitdem sind wir damit beschäftigt, mit dieser Freiheit umgehen zu lernen. Noch der Mensch der Stammeskultur handelt aus einem Gruppengeist heraus, seine persönliche Eigenart und Entscheidungsfähigkeit kommt nur eingeschränkt zur Geltung. Dafür besitzt er in hohem Maße ein instinktives Verstehen der Natur – sie kann sich ihm mitteilen, weil sein „Eigensinn" noch wenig entwickelt ist. In der heutigen Zivilisation verlieren Nation und Stamm, Kaste und Blutsverwandtschaft, Glauben und Tradition die Macht über das Leben des Einzelnen, können aber auch keinen Halt mehr geben. Manchmal möchten wir wie Hänschen klein geschwind nach Haus eilen, weil wir uns einsam und verloren fühlen: Doch da ist keine Heimat mehr. „Mutter Erde" ist uns entglitten und verstummt. Wenn uns die Last unserer Umweltschulden drückt, können wir nicht mehr in den Schoß von Mutter Natur zurückkriechen, einfach wieder ein bißchen „ökologisch brav" tun und ansonsten hoffen, „Sie" werde die Probleme für uns lösen. Wenn wir tatsächlich *„zurück"* zur Natur wollen, geht der Weg *vorwärts*, damit wir als voll verantwortliche Erwachsene mitarbeiten können. Wir haben, ob wir es wollen oder nicht, Macht und verändern den Planeten, seit wir ihn betreten haben. Die Frage ist nur, wie wir uns dieser Verantwortung stellen.

Es gibt da eine Fülle von Möglichkeiten, und einige fallen unter das Thema dieses Buches. Wir könnten damit beginnen, unsere „innere Ökologie" ernst zu nehmen und zu erforschen. Das hieße, die gesamte menschliche Natur mit ihren seelischen und spirituellen Seiten zu entwickeln und nicht *nur* den analytischen Verstand. Wir könnten uns fragen: Was von meiner eigenen Natur bedarf der Annahme und Pflege? Wir könnten den Schmerz auf uns nehmen, in den Schäden der Umwelt einen Spiegel zu sehen, der unseren abgelehnten Schatten zeigt. Wir könnten einsehen, wie nah wir tatsächlich verbunden sind und daß wir nur zusammen heil werden können.

Der Ausspruch von der „*Natur, die wir brauchen, die aber uns nicht braucht*", scheint auf den ersten Blick so treffend zu sein. Im Grunde drückt sich darin aber die gleiche Entfremdung aus wie im Allmächtigkeitsanspruch der technischen Zivilisation. Dabei könnten wir jetzt endlich unserem Auftrag nachkommen, wieder ein Teil der Natur zu werden, aber auf eine neue Weise, als ihr *frei*williger Teil, als das Bewußtsein des Lebewesens Erde. Wir haben somit die Wahl, ein tödlicher Parasit dieses Lebewesens zu sein oder sein besonderer Segen.

Mit Blüten sprechen

Was damit gemeint ist

Wir kennen es alle von Gesprächen mit Menschen: Manchmal beglücken und bereichern, ein anderes Mal quälen oder langweilen sie uns. Mit der Zeit erfahren wir, daß es eine Kunst ist, ein fruchtbares Gespräch zu führen, das rechte Maß an Zuhören und Sprechen, von Nehmen und Geben zu finden. Wir lernen auch, daß neben der Sprache vieles andere die Verständigung beeinflußt: Gestik, Mimik, ob wir unser Gegenüber „riechen können", welche Umstände uns zusammengeführt haben, ob und wie wir uns körperlich berühren usw.

All das sind unterschiedliche Sprachen, die fast unbemerkt hinter der Sprache der Worte zurückbleiben, aber doch das ganze Gespräch prägen können.

Sprechen mit Blumen gründet auch auf einer solchen Sprache ohne Worte. In den Märchen sprechen die Blumen und Bäume (und Tiere) wie die Menschen, doch sind es im Grunde seelische Wahrnehmungen, die hier in Worte gefaßt werden, um sie erzählen zu können. Nach einem Gespräch mit einer Pflanze muß der Inhalt unserer Unterhaltung auch erst „übersetzt" werden, um gefaßt werden zu können. Wenn Du einen Traum gehabt hast, und willst ihn erzählen, übersetzt Du ja auch die Bildersprache des Traumes – und entdeckst dabei zuweilen, daß das gar nicht so einfach ist und manche Nuance dabei verloren geht. Noch in einem anderen Punkt trifft der Vergleich mit der Deutung eines Traumes: Es ist dabei von großer Bedeutung, die *Gefühlsfarbe* zu erfassen, die ganz häufig den Traumbildern erst den Sinn gibt, der sie uns erschließt. Gefühlsfarben in all ihren unendlichen Tönen werden uns beim Gespräch mit Blumen noch sehr beschäftigen.

Wir wollen hier also ein Gespräch mit blühenden Pflanzen führen. Wir betrachten das Gespräch als geglückt, wenn wir bewußt wahrnehmen konnten, welchen seelischen Zustand diese Pflanze in uns wachruft. In den Begriffen der Blütentherapie gesagt: welche Kraft eine aus ihren Blüten zubereitete Essenz hat. Das Kapitel heißt „mit *Blüten* sprechen", weil es mit gerade blühenden Pflanzen am leichtesten geht. Blüten können uns auf eine ganz starke und unmittelbare Weise ansprechen. Sie berühren unsere Gefühle, sie offenbaren das Seelische der Pflanze und wie es mit unserer Seele zusammenklingt. Von jeher haben die Menschen das gespürt: Was überzeugt uns z.B. mehr von der Menschlichkeit der Neandertaler: daß sie Steine zurecht gehauen, oder daß sie ihren Toten Blumen mit ins Grab gelegt haben?[14]

Jede Blüte berührt uns auf eine besondere Weise. Darum kann die Vorliebe (oder Abneigung) bei ganz bestimmten Blumen oder Bäumen so heftig und eindeutig sein. In diesem Sinn ist da immer eine Verständigung mit der Pflanzenwelt – dies *bewußt* wahrzunehmen, ist die Kunst dabei. Sie ist so schwer und so leicht zu lernen wie andere Künste auch. Eine neue Musikform zu verstehen, erfordert *Einhören*, einen Malstil würdigen zu können, *Einsehen*; erst die Übung macht aus dem vagen Berührtsein ein aktives und bewußtes Erleben. Eine Kunst zu erlernen, verändert uns auch selbst. Nie sind wir ganz fertig damit, jedes Werk – in unserem Fall jede Blüte – ist eine neue Herausforderung. Wer sich nur mühelose Harmonie und Wohlgefühl von diesem Gespräch erwartet, mag vielleicht enttäuscht werden. In Gefühlen zu schwelgen und den klaren Verstand völlig beiseite zu drängen, hätte wenig Wert. Es würde zu Illusion und Wunschdenken führen und wäre eine ebensolche Sackgasse wie das einseitige logische Denken. Erst wenn wir Gefühl, Verstand und höhere Einsicht zusammennehmen, sind wir „intuitiv".

Aber nur Mut, im Grunde ist es einfach, und Du hast es schon immer gekonnt!

Die im folgenden beschriebene Methode hat sich in den letzten Jahren vielfach bewährt und führt zu zuverlässigen Ergebnissen. Sie ist, wie die ganze Blütentherapie, einfach, aber weder einfältig noch bequem. Allen Menschen, die es ernsthaft angegangen sind, war es damit möglich, das Gespräch mit den Pflanzen aufzunehmen.

Sie besteht aus folgenden Schritten:
* ❋ **Klärung** der persönlichen Seelenlage
* ❋ **Suchen** der passenden Pflanze
* ❋ **Betrachtung** des Sichtbaren
* ❋ **Innere Schau**
* ❋ **Nachbereitung**
Je nach Umständen verbunden mit
* ❋ **Zubereitung** einer **Blütenessenz**

Die strenge Trennung in Einzelschritte ist freilich ein bißchen künstlich. Trotzdem empfehlen wir, sie anfangs einzuhalten; mit der Zeit und zunehmender Übung verwebt es sich ineinander. Ich beschreibe es jetzt Schritt für Schritt, um es durchschaubarer zu machen und in der Hoffnung, daß es zum Schluß wieder ein Ganzes ergibt.

Persönliche Klärung

Es mag paradox erscheinen, die Erforschungen einer Pflanze mit Selbsterforschung zu beginnen. Und doch stellen wir genau das an den Anfang. Unser „Wahrnehmungsorgan" für das, was wir erforschen wollen – nämlich seelische Kräfte von Pflanzen – ist die eigene Seele. Wie wir eine Brille putzen, um klar zu sehen, oder ein Instrument stimmen, um reine Töne spielen zu können, klären wir vorher unseren seelischen Zustand. Wohlgemerkt, das heißt nicht, daß Du alle Probleme lösen mußt, bevor Du beginnen kannst, es geht vielmehr darum, sich einfach des eigenen Zustands *bewußt* zu sein.

Für die Klärung eignen sich Fragen in der Art der folgenden, wie sie auch zum Auswählen von Blütenessenzen verwendet werden:

> ✸ Wie ist mein Grundgefühl zur Zeit?
> ✸ Welches Thema/Problem beschäftigt mich zur Zeit am stärksten?
> ✸ Gibt es etwas, das mich gerade sehr belastet?
> ✸ Leide ich gerade an einer Krankheit?
> Wie hat sich durch sie mein Lebensgefühl verändert?
> ✸ Gibt es eine Fähigkeit, von der ich glaube, sie gerade jetzt ganz notwendig zu brauchen?
> ✸ Was wünsche ich mir zur Zeit am meisten?

Tips

* Schreibe die Antworten auf. Das hilft, es klar zu formulieren.

* Achte besonders bei der Beschreibung von Gefühlen darauf, möglichst treffende Worte zu finden. Mangels Übung neigen wir dazu, es bei „es geht mir gut/es geht mir schlecht" zu lassen. Diese Schwarz-Weiß-Brille beraubt Dich aber aller Farben. Es gibt tausend Worte dafür, und es gibt auch für Deine Seelenregung die wirklich passenden.

* Grundsätzlich ist es hilfreich, ähnlich wie beim Auswählen von Blütenessenzen, ein klärendes Gespräch mit einem Mitmenschen zu suchen. Diese Person muß nichts von Blütentherapie verstehen, sie muß nur Zeit und ein offenes Ohr haben, jemand, der Dir eine halbe Stunde zuhört und nur Dir zuhört, der seine Ratschläge und eigenen Probleme beiseite läßt. Da hast Du eine gute Chance, wirklich bei Dir anzukommen und zu spüren: Ja, so geht's mir, so fühle ich mich, das bewegt mich gerade. Wenn Du Dich an solche Gespräche erinnerst, weißt Du auch, daß das Ergebnis sehr überraschend sein kann. Achte dabei besonders darauf, wie Dich Dein Gegenüber wahrnimmt. Unsere Grundstimmung ist für andere so leicht spürbar, auch wenn wir uns selbst nicht so klar darüber sind oder sie zu verbergen suchen.

* Wenn Dir im Freundeskreis niemand zur Verfügung steht, der Dir diesen Dienst erweist, kannst Du natürlich auch die Hilfe von Profis aufsuchen. Ausübende vieler Therapierichtungen sind bereit, Klienten mit einer Einzelsitzung zu helfen, *auf den Punkt* zu kommen. Das kann über das Reden geschehen, über bestimmte Körpertherapien oder über eine Horoskopbesprechung. Wähle eine Methode, die Dir einsichtig ist oder Dich neugierig macht. Natürlich besteht da eine beachtliche Hemmschwelle bei vielen Menschen, derartige Hilfe in Anspruch zu nehmen, und zudem wird es auch Geld kosten, aber manchmal ist es das einzig Wahre, um den Blick zu klären und zu weiten.

* Alles für sich allein zu machen, birgt die Gefahr, ewig um sich zu kreisen und den Kernpunkt doch nicht zu erkennen. Häufig liegt er auf dem „blinden Fleck", da, wo die anderen leicht, Du selbst aber nur sehr schwer hinschauen kannst. Um sich selbst ehrlich sehen zu lernen, sind uns Mitmenschen der beste Spiegel. Was wir an ihnen beobachten und was wir von ihnen an Rückmeldung über uns bekommen, ist die beste Quelle der Selbsterkenntnis. Alle Nabelschau ist da vergleichsweise unfruchtbar.

* Für die Arbeit selbst gibt es aber auch einige Hilfsmittel, die eine Art Spiegel bieten und es erleichtern, unsere Lebenslage von einer höheren Warte aus zu betrachten: Einfach und wirksam ist das Führen eines Tagebuches, das dann an diesem Zeitpunkt durchgelesen und durch eine schriftliche Zusammenfassung ergänzt werden kann – im Sinn der obengenannten Fragen. Andere Möglichkeiten bieten die Bildsymbolik des Tarot, das I Ging[15] und das „Spiel der Wandlung" aus Findhorn[16].

Zusammenfassung

Die Klärung diente dazu, Dir Deines Zustandes möglichst bewußt zu sein, wenn Du jetzt weitergehst. Wenn Du das auch anhand Deiner konkreten Lebenssituation erfährst, liegt der Schwerpunkt dabei doch auf den damit verbundenen Gefühlen. Es ist hilfreich, hier ein Gleichgewicht zu wahren, einerseits wahrhaftig zu spüren, was in Dir vorgeht, andererseits einen gewissen Abstand zu gewinnen, der Dich davor bewahrt, völlig in Deinen Gefühlen zu versinken. Ein guter Maßstab für den Erfolg dieses ersten Schrittes ist es, wenn Du zum Schluß in der Lage bist, Deine Grundstimmung in einem Satz zusammenzufassen.

Es ist durchaus in Ordnung, wenn einiges an dieser Stelle offen und ohne fertige Lösung bleibt; manchmal ist es die beste Klärung, seine Verwirrung einzusehen ...

Suchen der passenden Pflanze

Du wirst jetzt eine „passende" Pflanze suchen und finden. Passend heißt, es ist eine, deren Eigenart Deinem gegenwärtigen Zustand entspricht – jedenfalls einem wichtigem Schlüsselpunkt davon – und die Du deswegen auch besonders gut verstehen kannst.

Wer sich von einer Pflanze angesprochen fühlt, versucht es vielleicht mit der besonderen Farbe oder Form dieser Blüte zu erklären oder der eigenartigen Gestalt des betreffenden Baumes. Aber oft ist es eine ziemlich unscheinbare Pflanze, eine Blume, die unter anderen Umständen übersehen oder abgelehnt worden wäre. Was also geschieht da?

Manchmal geht es uns mit Mitmenschen ähnlich. Jemand fällt uns auf, scheinbar grundlos, und erst die nähere Bekanntschaft erklärt, was von Beginn an im Raum stand. Es stellt sich heraus, daß besondere gemeinsame Interessen und Ansichten bestehen, ähnliche Erfahrungen, oder, was ja auch verbindet, daß dieser Mensch eine sehr gegensätzliche Natur zeigt und wir schrecklich mit ihm ins Streiten kommen. Wir haben ein

Organ für solche Wahrnehmungen, und dieser Spürsinn sagt uns auch, daß aus einer bestimmten Blüte eine „Seelenverwandtschaft" spricht. Pflanzen haben dabei den großen Vorzug, daß sie eindeutig sind, daß in ihnen nur eine der vielen Facetten der menschlichen Seele lebendig ist, nur ein Gedanke, der dafür aber vollkommen und harmonisch ausgedrückt ist.

Von diesem Blickpunkt aus ist jede Pflanze die lebendige Darstellung eines ganz bestimmten Gefühlszustandes. Sie selbst ist in einem inneren Gleichgewicht, *sie hat dieses Problem schon gelöst*. Genau das ist es ja, was wir an Blumen als so wohltuend empfinden und in den Blütenessenzen zu unserer Heilung nutzen.

✹ Begib Dich an einen Platz, wo möglichst viele verschiedene blühende Pflanzen wachsen.

✹ Sei dabei realistisch in Deinen „Qualitäts"-Ansprüchen. Wenn Du glaubst, das ginge nur in supereinsamen und supersauberen Naturreservaten, machst Du es Dir unnötig schwer. Blühende Pflanzen gibt es in der Vegetationszeit praktisch überall, und sie alle können Dir das geben, was Du von ihnen möchtest. Das heißt auch, das es mit Wildpflanzen genauso möglich ist wie mit verwilderten oder Kulturpflanzen. Denk dran, Du willst mit ihnen reden, nicht sie essen. Es geht auch im Stadtpark oder im Straßengraben. Allerdings solltest Du, wenigstens für Deine ersten Erfahrungen, einigermaßen in Ruhe arbeiten können. (Näheres zur Frage des Standortes findet sich im Kapitel über die Herstellungsmethoden ab S. 63)

✹ Die für Dich *jetzt* hilfreiche Pflanze findest Du, indem Du Dich darauf einstellst, was Du von ihr *empfängst*. Auf Nachfrage erinnern sich viele Menschen, schon einmal von einer Pflanze „angesprochen" worden zu sein. In einem bestimmten Moment wirst Du berührt auf eine ganz eigenartige Weise; es kann ein leises, doch deutliches Zupfen sein oder ein gewaltiger, dramatischer

Achtung!

Anfangs kommt es vor, daß die erste Kontaktaufnahme zwar im Hinterkopf bemerkt, aber übergangen wird – vielleicht hat sie Deiner Erwartung nicht entsprochen.

Wenn Dir das passiert, geh zurück! – die erste pflegt die wirklich passende Blüte zu sein.

Ruck, ein Aufleuchten bewegender innerer Schönheit oder eine Empfindung des Wiedererkennens wie bei einem langentbehrten Freund, einer vertrauten Freundin.

Tips

●Während Du nun draußen unterwegs bist, um Dich finden zu lassen, kann es vorkommen, daß Dir Dein Verstand einen Streich spielt. indem er zum Beispiel sagt: *„Ach, was soll das denn, Blumen reden nicht, sie sprechen niemanden an, und mich unerleuchteten Menschen, mich schon gar nicht blablabla..."* Sei ihm nicht böse deswegen, er kann nicht anders, er ist viele Jahre so trainiert worden, er tut nur seine Pflicht und verteidigt die alte Ordnung. Um ihn für diese Zeit – nachher brauchst Du ihn wieder, und wenn es dann geschehen ist, akzeptiert er es auch – um ihn also eine Zeitlang anderweitig zu beschäftigen, kannst Du jetzt laufen, einfach planlos durch die Gegend rennen. Du wirst sehen, das läßt Dich Deinen Körper und die Erde spüren, macht nüchtern und wach, und der Verstand ist mit dem Durchhalten beschäftigt und mischt sich nicht in Dinge, die ihn nichts angehen.

●Wenn Dir das lieber ist, bringe einen Kassettenrekorder und gute Musik mit oder eine Trommel und tanze eine Weile. (So triffst Du die alten Schamanen wieder, die mit ihrer Trommel auf die Reise gingen).

●Wenn Du jetzt also losgehst, ziellos und doch mit dem Bewußtsein, eine Verabredung zu haben, wirst Du es klar bemerken, wenn Du angesprochen wirst.

●Es kann sein, daß Du, als Mensch in einem „negativen" Gefühlszustand festsitzend, auch von der Pflanze einen negativen Eindruck hast. Vielleicht kommst Du dann ins Streiten mit ihr und nennst sie „häßlich" oder „Unkraut". Dann hab Geduld! Oft werden das die besten Freunde, mit denen wir am heftigsten gekämpft haben.

Besondere Situationen
Du bist gerade körperlich krank, hast Schmerzen, oder leidest unter akuter seelischer Pein.

Überlege es gut, ob Du Dich der ganzen Anstrengung aussetzen willst. Womöglich brauchst Du zu Deiner Unterstützung und Sicherheit einen Menschen, der Dir nach Deinen Wünschen Hilfe leistet – hol Dir diese Hilfe bzw. bringe sie Dir mit! Ansonsten bist Du damit in einer guten Ausgangsposition für diese Arbeit. Dein Schmerz macht Dich empfindsam für die Wohltat der

Pflanzen, hilft Dir zu unterscheiden und zu lernen. Edward Bach hat selbst viele seiner Blüten aus dem eigenen Erleben des Schmerzes gefunden. Du folgst damit seinem Beispiel und seinem Hinweis, die Krankheit als hilfreich zu begreifen.

Es stellt sich heraus, daß Deine neue Bekanntschaft zu den giftigen Pflanzen zählt.

Du hast einen hochbegabten Gesprächspartner gefunden. Hochbegabungen bringen ihre eigenen Schwierigkeiten, aber auch Chancen mit sich. Lies bitte nach, was im Kapitel „Herstellungsmethoden" im Abschnitt über die giftigen Pflanzen steht. Danach kannst Du ruhig weitermachen.

Du „landest" bei einer Pflanze, die nicht blüht.

Das kommt vor, wenn auch selten. Du wirst vielleicht in Deiner Geduld und Ausdauer geprüft. Möglicherweise findest Du, wenn Du dabei bleibst, noch ein anderes, blühendes Exemplar; oder mußt häufiger kommen, bis die Freundschaft soweit gediehen ist, daß sie Dir ihre Blüten zeigt; vielleicht dauert es gar bis zum nächsten Jahr, bis ihr zusammenkommt. In jedem Fall kannst Du es als Bestandteil Eurer Bekanntschaft begreifen. Ist es eine nichtblühende Pflanze, etwa ein Farn oder Pilz, so werdet ihr wohl (seelisch) nie zusammenfinden. Nimm es als Fingerübung und bleibe trotzdem dabei, es wird das sein, was Du an dieser Stelle brauchst – und auch die Farne sind schön und es wert, betrachtet zu werden.

Zusammenfassung

Das Finden der passenden Blüte ist zugleich die schwerste und leichteste Aufgabe auf diesem Weg. Schwer ist es, sich für eine Erfahrung zu öffnen, die neu ist und vielleicht am Rande dessen, was Du für möglich hältst. In der Offenheit liegt die Herausforderung, denn wir erkennen nur das, was wir grundsätzlich für möglich halten. Die leichteste Aufgabe deshalb, weil Du dann eigentlich nichts tun mußt, sondern es nur mehr geschehen lassen kannst.

Betrachtung des Sichtbaren

Du bist jetzt also bei der richtigen Pflanze angekommen. Nun willst Du mit ihr sprechen, Euren seelischen Bezug erkunden, und beginnst – mit der genauen Erforschung des äußerlich Wahrnehmbaren. Warum das ?

Vergleichen wir es wieder mit einer menschlichen Bekanntschaft. Wenn wir mit einem Menschen zu tun haben, den wir als lästig empfinden, ist er für uns schnell ein lästiger Mensch, so wie wir einen, der uns liebenswert erscheint, als liebenswerten Menschen ansehen. Allein daß uns seine Nase an einen geliebten oder gehaßten Menschen erinnert, reicht schon für die leidenschaftlichste Zu- oder Abneigung aus. Zu schnell stülpen wir dem anderen etwas über: Was eigentlich unser Urteil ist, wird *in unseren Augen* zur Eigenschaft des Gegenübers. Dieser Vorgang wird als „Projektion" bezeichnet und ist bekanntlich die Quelle endloser Mißverständnisse.

Mit einer Pflanze kann das genauso sein: Bei ihrem Anblick erwachen Erinnerungen, Vorlieben, (Vor-) Urteile – wenn Du das alles jetzt gleich auf das Konto der Pflanze schreibst, drehst Du Dich im Kreis und erfährst nichts Neues.

Du entgehst dieser Gefahr, wenn Du zunächst das mit den Sinnen Wahrnehmbare würdigst und möglichst genau und objektiv betrachtest. Hier ist jetzt Dein ganzer Verstand gefordert! Stell Dir einfach vor, Du willst einem Onkel in Amerika durchs Telephon die Pflanze so schildern, daß er sie zweifellos wiedererkennen kann. Dabei ist wirklich alles bemerkenswert:

Was mit den Augen sichtbar ist
* **Gesamtgestalt, Proportionen, auftretende Farben**
* **Blatt:** Oberseite, Unterseite, Adern, Behaarung, Form usw.
* **Sproß:** Stengel, Querschnitt, Rinde, Knoten, Blattansätze usw.
* **Blüten:** Anordnung, Zahl und Form der Blütenblätter, Staubfäden, Stempel, Kelchblätter, Knospen usw.
* **Früchte:** Größe, Form, Anzahl der Samen usw.
* **umgebende Natur:** Nachbarpflanzen, Lichtverhältnisse, Tiere, Landschaft

Was mit den Fingern tastbar ist
* **Strukturen, Oberflächen, Festigkeit, Biegsamkeit**

Was mit der Nase zu riechen ist
* **Gerüche:** Blüten, Blätter, Erde, umgebende Luft.

Was mit den Ohren hörbar ist
* **Laute:** Pflanze und Wind, umgebende Tierwelt, Wetter, menschliche Laute, technischer Lärm.

Was mit der Zunge zu schmecken ist
* **Geschmack:** ein Tropfen Tau oder Nektar, ein Stück Blatt, eine (herabgefallene) Blüte, ein Samenkorn.

Zusammenfassung
Bei diesem Schritt fertigst Du also eine umfassende Beschreibung Deiner Pflanze an. Nimm Dir Zeit dafür! Vielleicht erscheint es Dir mühsam, vielleicht zu nüchtern oder abwegig und nichts mit einem *Gespräch* zu tun zu haben. Tu's trotzdem! Es ist ein wesentlicher Punkt, ein Anker, der Deine Erfahrung erdet und sie im täglichen Leben zugänglich macht.

Tips

*Je nach Sinnesorgan sind wir mehr oder weniger geneigt, auch die Umgebung mit einzubeziehen. Möglicherweise wird es Dir aber klar, daß ein „rundes" sinnvolles Bild von der Pflanze nur zusammen mit ihrer Umgebung entsteht.

*Geh mit der obigen Liste locker um, sie möchte nur eine Anregung sein, möglichst viele Aspekte anzuschauen. Denk Dir, Du bist frisch verliebt, und möchtest von Deinem neuen Schwarm restlos alles wissen.

*All das erinnert Dich vielleicht ein bißchen an ein botanisches Studium. Der Unterschied liegt darin, daß Du das botanische Fachchinesisch nicht brauchst (wenn Du es nicht sowieso beherrschst); daß es angebracht ist, Deine Pflanze dabei unverletzt zu lassen (als ein Zeichen des Respekts, und weniger, weil sie im menschlichen Sinn darunter leiden würde), und daß Du im Hinterstübchen den Gedanken behältst, daß die Pflanze über das hinausgeht, was Du jetzt siehst. Wenn Du die Pflanze nicht kennst (und vielleicht auch wenn doch), gib ihr jetzt einen eigenen Namen, und schau erst später im Bestimmungsbuch[17] nach.

*Eine große Hilfe zum bewußten Sehen ist es, die Pflanze zu zeichnen oder zu malen. Für die Wiedergabe des Gesamteindrucks bieten sich Wasserfarben an, wichtige Einzelheiten können gut mit dem Bleistift festgehalten werden. Es ist dabei gleichgültig, ob Du von Dir selber glaubst, zeichnen zu können; wichtig daran ist der Vorgang des Hinschauens und Aufzeichnens und weniger das fertige Ergebnis.

*Ergänzt wird das Bild durch die sprachliche Beschreibung, die auch die genaue Wahrnehmung fördert, gerade dann, wenn Du dabei nach passenden Worten suchen mußt.

Innere Schau

Nach dieser konzentrierten Arbeit kannst Du das Schreibzeug beiseite legen und die Gedanken schweifen lassen. Mach's Dir bequem und schau in die Landschaft oder in den Himmel oder mach ein Schläfchen, wenn Dir danach ist.

Danach, wenn Du wieder aufmerksam bist, schau bewußt nach innen. Die folgenden Fragen kannst Du als Leitlinien benutzen:

*Welche Stimmung empfinde ich jetzt?

*Wie fühle ich mich gerade in Bezug auf das Thema/

Problem im Leben, das mich die letzte Zeit am meisten beschäftigt hat?

✹ Hat sich ein Gedanke „aufgedrängt", vielleicht einer, der mit meinem Thema gar nichts zu tun zu haben scheint?

✹ Fühle ich mich anders als sonst zur Zeit im täglichen Leben?

✹ Ist da irgendeine Veränderung meiner Sichtweise?

Tips

✹ Sei so genau wie nur möglich, und geh vor allem über das bloße „Besser-Schlechter" hinaus.

✹ Nimm an, was Du vorfindest, und halte einstweilen zurück mit Deinem Urteil, ob wünschenswert, ob brauchbar.

✹ Schreib alles auf, was Dir jetzt einfällt, „filtern" und bewerten kannst Du es später.

An diesem Punkt der Reise gilt unsere Aufmerksamkeit dem Eindruck, den unsere neue Bekanntschaft in uns hinterlassen hat. Wir nehmen das äußere Bild beiseite und bemerken, daß ein inneres Bild übrigbleibt, in dem sich das verborgene Wesen der Pflanze ausdrückt. Das äußere Bild haben wir mit den äußeren Sinnen wahrgenommen, daß innnere Bild mit den Augen der Seele. Hochgestochen ausgedrückt: Es war eine „übersinnliche" Wahrnehmung. Es ist aber vielleicht inzwischen klargeworden, anhand der Beispiele aus dem menschlichen Umgang, daß wir dauernd auch auf diese Weise wahrnehmen, wir bemerken es nur gewöhnlich nicht, es ist uns nicht bewußt.

Unser seelischer Wahrnehmungssinn drückt sich auf seine eigene Weise aus: Was er aufnimmt, bemerken wir *in* uns als seelische Stimmung. Es kann zum Beispiel sein, daß wir einen Raum mit Menschen betreten und auf einmal ängstlich oder aggressiv werden. Oft ist das aber nur die Stimmung *im Raum*, die sich uns da mit-

Mit Blüten sprechen

teilt. Sobald wir uns bewußt werden, daß sich unsere seelischen Wahrnehmungen so bemerkbar machen, können wir lernen, sie auseinanderzuhalten und auch zur eigenen Seelenlage zurückfinden.

Besondere Situationen
Wenn Du und Deine Notizen jetzt völlig verwirrt sind:
✽Laß Dir Zeit. Der nächste Schritt gibt Dir Hilfen, es klarer und greifbarer zu machen.
✽Bleib dran. Beschreibe die Art Deiner Verwirrung.
✽Besuche Deine Pflanze häufiger, manche sind spröde und machen es einem schwer, mit ihnen anzubändeln.

Wenn Du jetzt Seite um Seite gefüllt hast
in dem sicheren Wissen,
das sind direkte Mitteilungen Deiner Blume:
✽Schön. Du kannst gut übersetzen. Deine „Übersetzungsarbeit" ist so schnell vor sich gegangen, daß sie Dir gar nicht bewußt wurde. Mach Dir trotzdem klar, daß Du mit Deinem Wesen durch die Art der Übersetzung mit eingeflossen bist und das Ergebnis eure spezielle Weise der Zusammenarbeit widerspiegelt.

Wenn Du etwas spürst,
das andere bei derselben Blume nicht spüren:
✽Bleib bei Dir.
✽Sei kritisch und nüchtern, aber auch gewiß, daß Du auch bei gut erforschten Pflanzen Neues entdecken kannst.

Wenn es Dich völlig kalt gelassen hat:
✽Hm... Da ist wohl etwas schiefgelaufen. Vielleicht blickst Du jetzt noch einmal auf Deine Reise zurück.
✽Bist Du zufrieden damit, wie Du die einzelnen Schritte getan hast?
✽Gibt es etwas nachzuholen?

●Könnten Dir Deine Maßstäbe (was schön ist / was vertraut ist / was möglich ist...) im Weg gestanden haben?

●Möchtest Du es eine Zeit ruhen lassen und später noch einmal anschauen?

●Willst Du grundsätzlich, daß es funktioniert?

●Findest Du vielleicht, alles sei überhaupt ein ausgemachter Blödsinn?

●Wenn Du Dir über diese Fragen klar bist, weißt Du auch, was für Dich weiter zu tun ist. Wie auch immer, viel Glück dabei!

Zusammenfassung

Dieser Schritt soll Deine Aufmerksamkeit auf den Abdruck richten, den diese besondere Pflanze in Deiner Seele hinterläßt. Noch kann sehr verwoben sein, was da von Dir und was von der Pflanze kommt. Darum war es so wichtig, Deine Seelenlage vorher zu klären – damit Du vergleichen kannst: So war meine Ausgangslage, so verändert sie sich, wenn ich mit dieser Pflanze bin. In der *Art der Veränderung* äußert sich das Wesen der Pflanze.

Es kann eine ganze Zeit brauchen, bis Du das entwirrt hast. Das ist in Ordnung so. Wichtig ist zuerst, daß Du überhaupt *bemerkst*, daß sich eine Empfindung mit der Pflanze verbindet.

Nachbereitung

Dieser (letzte) Schritt dient dazu, Deine Erfahrung zu klären und sie in Dein Leben hineinzunehmen. Nimm Dir dafür alle Zeit, die Du brauchst. Es kann am selben Tag geschehen oder in Teilschritten über Monate oder (nicht erschrecken!) über Jahre. Entgegen unserer kulturellen Prägung der Eile kommt es nur darauf an, letztlich zu verstehen, also die Erfahrung mit dem eigenen Leben zu verbinden. Dafür wählt sich jeder Mensch das ihm eigene Tempo, in dem er die Erfahrung auch nachvollziehen kann.

Der Autor hat einmal auf einer Erdbeerpflanzung gearbeitet, wo neben uns jungen Leuten auch eine alte Bäuerin damit zu tun hatte, Unkraut zwischen den Erdbeerreihen zu jäten. Einige der Jungen wollten besonders schnell arbeiten und hackten z.B. die Löwenzahnpflanzen einfach ab, statt sie mit dem Wurzelstecher ganz herauszunehmen. Es entspann sich ein regelrechter Wettkampf, wer am schnellsten seine Reihe fertig gehackt hätte. Schließlich sagte die Alte: *„Laßt euch doch Zeit! Wenn eine Arbeit erst mal fertig ist, fragt niemand mehr, wie schnell sie gemacht wurde, wohl aber, wie gut sie gemacht wurde"*! In welcher Welt hat diese Frau gelebt, daß sie so etwas sagen konnte?

Deine Erfahrung gleicht jetzt vielleicht noch einem Knäuel, in dem mehr oder weniger verwickelt ist, was nun nach und nach entflochten wird. Ein Strang kommt von Dir, aus Deiner persönlichen Geschichte, Lebenslage und den damit verbundenen Gefühlen. Der andere Strang kommt von der Pflanze und ist als ganz bestimmte Seelenqualität zu beschreiben.

Mit wachsender Einsicht wirst Du in der Lage sein, beides voneinander zu unterscheiden und, wenn Du es wünschst, auch wieder zu verbinden. Jede Pflanze dieser Art kann Dich an diese Verbindung erinnern und Eure Freundschaft bestärken.

Was Du hier mit Deiner Pflanze erlebt hast, enthält in einer Nußschale eine Botschaft für Dich, die sich immer mehr entfaltet, wenn Du sie mit Bereitschaft und Aufmerksamkeit nährst. Sie enthält eine elementare Wahrheit über Dich und erinnert Dich an einen Aspekt Deines Wesens, der in Deinem jetzigen Leben von Bedeutung ist. Hier einige Anregungen, wie ihr Verständnis gefördert werden kann, und aus denen Du nach Deinem Bedürfnis wählen kannst:

✱Wichtig ist es jetzt, das Wahrgenommene von der Deutung zu trennen. Was Du wahrgenommen hast, ist richtig, so wie es ist. *Daß* Du das Pflanzenwesen wahrnehmen kannst, ist Grundlage und Richtlinie unseres ganzen Weges gewesen. Was Dich jetzt verwirren könnte, ist die Deutung der auf diesem Weg gemachten Erfahrung. Nützlich ist es also, die Erfahrungen und Beobachtungen jeweils mit einem Rufzeichen zu versehen, ihre Deutung aber (vorläufig) mit einem Fragezeichen.

✱Häufig enthalten die Aufzeichnungen nach einem solchen Prozeß auch Sätze, die weder ein Rufzeichen noch ein Fragezeichen verlangen, sie stehen nur mehr oder weniger unvermittelt da – eine scheinbare Abschweifung der Gedanken, ein scheinbar zufälliges Geschehnis, vielleicht auch ein Zitat oder eine Liedzeile. Hier könnte sich eine Perle verbergen, die Dir zu gegebener Zeit überraschende und entscheidende Einsichten und die seelische Qualität Deiner Pflanze eröffnen können. Oft ist es so klar formuliert, daß es völlig rätselhaft erscheint, warum einem das vorher nie aufgefallen ist... Es scheint sich dabei um eine scheue Sorte von Einsichten zu handeln, die sich erst aus dem Dickicht der Gedanken wagt, wenn sie sich unbeobachtet fühlt. Hier hilft es, gelegentlich absichtslos durch die Aufzeichnungen zu blättern.

✱Es bietet sich an, von Deiner Blüte jetzt eine Essenz zu bereiten. Der Herstellungsprozess ist ein sehr berührendes Erlebnis. Vieles kann dabei zusammenfließen, was vielleicht bis jetzt noch unzusammenhängend erscheint. Die entstandene Blütenessenz wirkt dann auch für Dich als stete, lebendige Erinnerung. (Zur Herstellung von Blütenessenzen siehe nächstes Kapitel.)

✱Günstig ist es, jetzt eine Zeitlang ein Tagebuch zu führen. Es unterstützt Dich dabei, Deinen Lebensweg – und eventuelle Veränderungen – klar zu erkennen, und sei es erst nach einiger Zeit in der Rückschau.

Mit Blüten sprechen

✹Aus Deiner jetzigen Kenntnis und Freundschaft heraus können sich Dir auch die *Signaturen* Deiner Pflanze erschließen. Als Signaturen werden die äußeren Merkmale der Pflanze bezeichnet, die etwas von ihrem inneren Wesen verraten. Besondere Farben, Formen, Gerüche und andere Eigenarten tragen eine Bedeutung, die auch auf die seelische Qualität hinweisen können, die in der Pflanze lebt. Es kann sein, daß Du das bemerkt hast, dann dürfte Dich das Kapitel „Bilder und Botschaften" interessieren.

✹Wenn Du Dich länger mit diesem Thema beschäftigen möchtest: Es gibt eine Reihe von Übungen, die Dich unterstützen können, den Blick auf Deine /die Pflanze zu erweitern und zu vertiefen. Im Anhang sind einige davon beschrieben.

Zusammenfassung

Wenn Du den Weg bis hierher mitgegangen bist – waren es für Dich nur ein paar Tage oder ein ganzes Jahr – ist es nun soweit. Du kannst jetzt sagen: *„Ich weiß, welche Wirkung diese Pflanze auf meine Seele hat"*. Sobald Du klar genug bist, den betreffenden Seelenzustand in seiner „negativen" Leidensform wie als „positive" emotionale Fähigkeit genau zu benennen, hast Du den letzten Schritt dieser Reise gemacht.

Du hast nachvollzogen, was Edward Bach vorgemacht hat, langsamer vielleicht, zögernd und tastend, und hast schließlich doch verstanden, „was die Blumen sagen".

Das war's – so einfach ist das.

Bleibt noch der
Hinweis auf mögliche Nebenwirkungen:

Manchmal könnte es auch weh tun.

Dein Verhältnis zur Mitwelt könnte sich von diesem Punkt an verändern. Du könntest die Lebendigkeit und Schönheit der Natur viel stärker erleben. Alles, was in und an der Natur geschieht, könntest Du mitempfinden. Das sind außer all dem Wunderbaren und Starken auch alle Verletzungen und alle Not. Der klaffende Graben eines Kiesabbaus könnte ebenso eine Empfindung Deiner Seele werden wie die bunte duftende Bergwiese. Die neue Straße durch den alten Wald, ein gepflegter Garten – vielleicht wirst Du es nicht nur mehr bedenken, sondern mitfühlen. Die Qual und das Gedeihen des Lebewesen Erde mag Dir so nahe kommen wie Deine eigenen Stimmungen und Wünsche. Du wirst Dich vielleicht als zu dünnhäutig empfinden und Dir Deine alte Abgestumpftheit zurückwünschen.

Du könntest aber auch verstehen und die Kraft zur Veränderung daraus schöpfen.

Teil 2

Die Herstellung von Blütenessenzen

Was ist eine Blütenessenz?

An sich sind Blütenessenzen nicht materiell, sondern etwas Geistiges, sie sind das Wesen einer Pflanze, wie es sich in seiner Blüte ausdrückt. Wir können „Blütentherapie" betreiben (und haben es im vorigen Kapitel auch getan), indem wir uns einfach in der Nähe der blühenden Pflanze aufhalten oder uns geistig mit einer Pflanzenart so innig verbinden, daß sie in uns gegenwärtig wird. Beides hat im Alltag seine Schwierigkeiten, und es ist Dr. Edward Bach zu verdanken, eine Anwendungsform gefunden zu haben, die einen leichteren Gebrauch erst möglich machte – *die Blütenessenz in der Flasche*. Es sind also vor allem praktische Gründe, die dazu geführt haben, daß Blütenessenzen in flüssiger Form zubereitet werden. Die Methoden ihrer Herstellung verfolgen alle den Zweck, die uns seelisch berührenden Pflanzenkräfte von der Blüte auf Wasser (also eine „Trägersubstanz") zu übertragen. Dabei soll so wenig wie nur irgend möglich von den materiellen Bestandteilen der Pflanze mit in die Essenz eingehen – idealerweise nichts davon. Verfügbar gemacht werden sollen ja keine *Stoffe* wie bei der Herstellung einer Heilkräutertinktur oder der Extraktion von ätherischen Ölen, sondern *Kräfte*.

Diese Freiheit vom Wirkprinzip der Materie ist ein wesentliches Merkmal von Blütenessenzen. Deswegen geht es völlig fehl, sie unter die Arzneimittel einzureihen, wie das in manchen Ländern (und manchen Köpfen) geschieht. Blütenessenzen sind von ihrer Eigenart her weder *Stoff* noch *Zubereitung eines Stoffes*, wie es das deutsche Arzneirecht für eine Arznei verlangt. Sie sind vielmehr die Aufzeichnung einer Nachricht, ein Kommunikationsmedium zwischen Pflanze und Mensch, das Menschen jeweils an einen bestimmten Aspekt ihrer eigenen Natur erinnert.

Noch in einem zweiten Punkt besteht ein grundsätzlicher Unterschied zu Arzneien: Es bleibt jedem Menschen ganz und gar freigestellt, ob er dem Impuls folgt, der von einer Blütenessenz ausgeht. Wer auf Blütenessenzen reagiert, tut das, weil er mit einer tiefen Schicht des eigenen Wesens eine Nachricht verstanden hat, und nicht, weil ein irgendwie gearteter Zwang auf ihn ausgeübt wurde. In dieser vollkommenen *Freiheit der Reaktion* liegt nach Ansicht des Autors die besondere Bedeutung der Blütenessenzen für die Seelenpflege des Menschen in der Zukunft.

Von der praktischen Seite des Gebrauchs hebt Edward Bach immer wieder einige wichtige Eigenschaften der Blütenessenzen heraus[18]:

* Blütenessenzen sind ohne Nebenwirkungen,
* Wirkungen haben nur die für den seelischen Zustand des Menschen *passenden* Blütenessenzen,
* Blütenessenzen können nicht überdosiert werden.

Diese Aussagen Dr. Bachs können nur verstanden werden, wenn die oben angeführten Eigenschaften *Freiheit von Materie* und *Freiheit der Reaktion* wirklich zutreffen. Dies macht Blütenessenzen auch für den Gebrauch durch Menschen geeignet, die keine speziellen medizinischen oder pharmakologischen Kenntnisse besitzen. Auch die eigene Herstellung ist deswegen möglich und in Dr. Bachs Sinn, wie er vielfach in seinen Schriften betont.[19]

Natürlich ist bei der Anwendung von Blütenessenzen auch der gesunde Menschenverstand in Betrieb zu halten, der zu beachten weiß, daß ein zum Haltbarmachen verwendeter Alkohol durchaus seine stofflichen Wirkungen hat oder ein gebrochener Fuß (auch) eines Gipsverbandes bedarf...

Die hier beschriebenen Herstellungsmethoden sind technisch sehr einfach, doch müssen diese einfachen

Vorgaben sorgfältig erfüllt werden, wenn eine gute Essenz entstehen soll. In diesem Kapitel werden zuerst die notwendigen Vorbereitungen beschrieben, dann die einzelnen Methoden.

Die wichtigste Vorbereitung liegt aber in der Haltung des Menschen, der hier eine Essenz zubereiten möchte. Dies kann mit dem Begriff *Einstimmung* umschrieben werden; vom Wie und Warum der Einstimmung handeln die vorigen Kapitel dieses Buches, dieser Abschnitt konzentriert sich mehr auf die handwerklichen Fragen.

Vorbereitungen

Landschaft und Pflanzen

Wo können Blütenessenzen zubereitet werden?

Es könnte so scheinen, als wenn die „wilde", von Menschenhand ganz unberührte Landschaft der einzig mögliche Platz für die Bereitung von Essenzen wäre. Es leuchtet auch ein, daß sich in solchen Gegenden die Pflanzenwelt noch eine besondere Kraft und Vielfalt bewahrt hat. Der Haken dabei ist die Tatsache, daß es kaum noch solche sich selbst überlassenen Landschaften gibt, die dann oft auch (zurecht) Schutzbestimmungen unterliegen, die uns zögern lassen, dort ohne weiteres eine Essenz zu bereiten. Beziehen wir es gar auf die Unberührtheit von menschengemachten Stoffen, ist so ein Platz auf diesem Planeten nicht mehr zu finden. Wollten wir strikt an einem solchen Ideal festhalten, wir wären bald entmutigt.

Versuchen wir es mit einem anderen Ansatz. Wenn wir beurteilen, wie „schön" ein Platz ist und (wie bei unserem Vorhaben) wie gut eine Pflanze und ihre Umgebung für die Bereitung einer Blütenessenz geeignet sind, welchen Blickpunkt nehmen wir da ein? Ist es nicht häufig ein recht menschliches Urteil wie: *„Welch herrliche Aussicht!"* oder *„Ich möchte nicht im Straßengraben wachsen müssen!"?*

Wenn wir das mehr vom Standpunkt der Pflanzen aus betrachten, können wir entdecken, daß die wenigsten an Stellen wachsen, die ihren Bedürfnissen optimal entsprechen. Ein Beispiel: Birken finden sich oft auf ganz sauren und armen Böden in Heide und Moor. Sie gedeihen aber auch in gutem Gartenboden. In den armen Grenzböden kommen sie aber besser fort als andere Baumarten, und so ergreifen sie eben die Gelegenheit. In der Biologie heißt das, sie besetzen eine *ökologische Nische.* Treffender gesagt ist es ein ökologischer *Erker,* denn jedes Lebewesen fügt den Möglichkeiten des Lebens eine weitere Dimension hinzu. Jedes hat eine besondere Fähigkeit und erfüllt damit auch eine besondere Aufgabe im Zusammenspiel der Natur. Alle Pflanzen sind darauf eingerichtet, mit bestimmten Extremen zurechtzukommen – Mangel oder Überfluß an bestimmten Stoffen, Temparaturschwankungen, viel oder wenig Licht usw. Sie kommen oft so gut mit den menschengemachten zusätzlichen Belastungen zurecht, daß wir dann schrecklich überrascht sind, wenn doch beispielsweise der Wald zu kränkeln beginnt. Aber auch da neigen wir wieder dazu, die menschliche Sichtweise dem Wald zu übertragen und sagen *„der Wald leidet".* Aber im Grunde sind wir es, die beim Anblick des geschundenen Waldes leiden, und dieses Leid ist ein Spiegelbild unserer ungelösten menschlichen Konflikte, und eines daraus entstandenen Lebensstils, der den Bäumen das Leben sauer macht.[20]

Von verschmutzungs-gestreßten Birken ist bekannt, daß ihre Pollen weitaus aggressiver in Richtung einer Allergie-Auslösung wirken, als der Blütenstaub gesunder Birken. Sie spiegeln uns damit die Folgen einer Zivilisation, die alle Natur leugnen möchte und so auch mit der

Aggression nicht zurechtkommt, die ein Teil der menschlichen Natur ist. Trotzdem sind diese Birken nicht im menschlichen Maßstab krank bzw. aggressiv. Das liegt jenseits ihrer Möglichkeiten (ihrer Natur). Sie leiden nicht und „haben" auch keine Gefühle. (Ohne zu tief in esoterische Lehren einzusteigen: Dazu bräuchten sie eine individuelle Seele, und dann wären sie – Tiere).

Vielleicht scheint nun doch ein ziemlich krasser Widerspruch zu den Annahmen der Blütentherapie aufzutreten, bei der es um die Harmonisierung seelischer Konflikte bei uns Menschen mit Hilfe der Pflanzen geht. Wie sollen uns Pflanzen helfen können, wenn sie selbst nicht leiden wie wir und keine Gefühle haben?

Eine Antwort sei vorgeschlagen. Was uns von Pflanzen einer bestimmten Art entgegenkommt, ist *die völlige Harmonie einer Seelenqualität*. Als Menschen erleben wir den inneren Konflikt, die Blockierung, den „negativen" Seelenzustand als ein Gefühl, unter dem wir leiden, und die gelöste, konstruktive, „positive" Gefühlslage, wenn wir mit uns selbst im Einklang sind. Daß wir zwischen diesen Extremen schwanken, nie für dauernd in einem bleiben und um ein Gleichgewicht ringen müssen, ist ein wesentlicher Teil der menschlichen Natur und eine Frucht unserer Freiheit.

Die Pflanze drückt eine Qualität aus, die *wir* als positives oder negatives Gefühl erleben, ist aber darin *immer* ganz im Gleichgewicht, damit auch ganz und gar unmenschlich. Ihr menschliches Freud und Leid zu unterstellen, heißt, sie scheinbar aufzuwerten, wirklich aber kleiner zu machen, als sie ist. Wir können uns von ihrer Harmonie helfen und inspirieren lassen, auch ohne sie zum „kleinen Menschlein" zu machen.

Ein anderes ergibt sich in der Blütentherapie von selbst: Jede Pflanzenart drückt nur eine (ganz bestimmte) Seelenqualität aus. Das ganze Spektrum der Gefühle in seiner schier unendlichen Vielfalt in sich zu tragen ist nur dem Menschen, jedem Menschen, eigen.

Mit diesem Gedanken können wir uns auch eine Vorstellung davon machen, wie groß der Verlust ist, wenn eine Pflanzenart ausgerottet wird: Es ist, als wenn den Menschen das Bild für eine Facette ihres Seelenlebens verlorenginge. Vielleicht ist da auf eine verborgene Weise eine Verbindung zwischen diesen beiden Erscheinungen – der zunehmenden menschlichen Seelenblindheit und den in den letzten Jahren verschwundenen Pflanzenarten.

Aus all dem ergibt sich, daß Blütenessenzen überall gemacht werden können, wo Pflanzen wachsen und blühen. Wenn wir auch die schönen „naturbelassenen" Plätze bevorzugen werden (wenn wir die Wahl haben), kann es doch eine größere Rolle spielen, es möglichst nahe unseres Wohnorts zu tun, also bei dem Platz, wo wir selbst wachsen und gedeihen wollen. Pflanzen, die sich auf ihre Weise mit den Widrigkeiten und Vorzügen unserer Wohngegend auseinandergesetzt haben, können uns oft viel mehr geben, als die wunderschönsten Gewächse eines fernen Naturschutzgebietes. Auch wenn diese Gaben uns vielleicht zuerst Schmerzen bereiten, weil wir uns dabei öffnen und spüren, wie es mit der Natur um uns bestellt ist.

Wild- oder Kulturpflanzen?

Entsprechendes gilt für die Frage, ob Blütenessenzen auch in Gärten und von kultivierten Pflanzen bereitet werden sollen. Auch das ist möglich. Natürlich ist da ein gewisser Unterschied zwischen Wild- und Kulturpflanzen. Es geht aber fehl, sie nach den Bewertungen gut/schlecht, stark/schwach oder wirksam/unwirksam einteilen zu wollen, sie sind einfach nur anders. Schauen wir bei den von Edward Bach für seine Essenzen gebrauchten Pflanzen, so finden sich neben wilden auch ausgesprochene Kulturpflanzen:

Die Gartenzierpflanze Bleiwurz *(Ceratostigma willmottianum)*, die verwilderten Zierpflanzen Gefleckte Gauklerblume *(Mimulus guttatus)* und Drüsentragendes Springkraut *(Impatiens glandulifera)*, die seit Jahrtausenden kultivierten Nutzpflanzen Weinrebe *(Vitis vinifera)*, Walnuß *(Juglans regia)* und Olive *(Oliva europaea)*, daneben einige andere, die auch vom Menschen nach England gebracht wurden und so meist auch von Menschenhand gepflanzt in der Landschaft vorkommen. Dazu zählen die Weiße Roßkastanie *(Aesculus hippocastanum)*, die vom Balkan stammt, und die Rote Roßkastanie *(Aesculus x carnea)*; letztere ist als ein in menschlicher Obhut entstandener Bastard zwischen der Weißen Roßkastanie und der amerikanischen Pavie *(Aesculus pavia)* nie eine Wildpflanze gewesen. Auch die Lärche *(Larix decidua)* ist ein Gebirgsbaum des europäischen Festlands und erst seit kurzem auf der britischen Insel angesiedelt. Allesamt schenken sie wunderbare und seit jetzt sechzig Jahren bewährte Essenzen.

Wieviele Blüten für eine Essenz?

Ideal ist es, wenn die betreffende Art an ihrem Platz in Fülle vorkommt. Ein guter Anhaltspunkt dafür ist, darauf zu achten, daß die Fülle auch dann noch spürbar ist, *nachdem* die Blüten für eine Essenz weggenommen wurden. Das ist schwer an Stückzahlen festzumachen. Bei manchen kleinen Blumen ist ein Vorkommen von einigen Hundert vielleicht noch zu schwach, um guten Gewissens davon zu pflücken. Wenn hier doch eine Essenz hergestellt werden soll, dann mit einer der Methoden, bei denen die Blüten lebendig an den Pflanzen verbleiben. Bei den Bäumen kann schon ein einziges, mächtiges altes Exemplar ein „reiches" Vorkommen sein, und es ist vollkommen in Ordnung, einen Topf voll blühender Zweige für eine Kochessenz zu pflücken.

Giftige Pflanzen

Es kommt immer wieder vor, daß jemand von einer Pflanze angesprochen wird, die als giftig bekannt ist. Hier liegt natürlich die Frage nahe, ob von solchen Pflanzen grundsätzlich Blütenessenzen bereitet werden können. Um die Frage gleich einmal grundsätzlich zu beantworten: Ja.

Als giftig werden Pflanzen bezeichnet, die durch ihre stoffliche Zusammensetzung im Menschen heftige Wirkungen hervorrufen können. Allerdings sind die Grenzen in dieser Beziehung fließend – von den Nahrungspflanzen zu den Gewürzen, den milden („*Mite*"-) und den starken („*Forte*"-) Heilkräutern[21] bis zu den ausgesprochenen Giftpflanzen ist da ein Spektrum mit vielfachen Übergängen. Ein bestimmtes Gewächs eindeutig in eine dieser Sparten einzuordnen, fällt zuweilen schwer. Viele Giftpflanzen sind in geeigneter Zubereitung wichtige Heilmittel; manche Nahrungspflanzen, oder Teile von ihnen, sind in rohem Zustand giftig, wie die grünen Teile der Kartoffel oder rohe grüne Bohnen. Wichtig ist auch die aufgenommene Menge, was in kleiner Menge wohltuender und gesunder Bestandteil der Ernährung ist, kann im Übermaß genossen drastische Wirkungen auf die Lebensprozesse zeitigen, also giftig sein. Es gibt da z.B. die skurrile Geschichte eines Italieners, der vom Gesundheitswert des Karottensafts so überzeugt war, daß er sich ausschließlich von ihm zu ernähren entschloß; er verstarb an dieser Diät. Auf diesen Zusammenhang von Menge und Wirksamkeit bezieht sich der bekannte Spruch des Paracelsus: „*die Dosis machts, daß ein Stoff Gift sei…*"

Mit der Bezeichnung *giftig* drücken wir auch aus, daß wir in der betreffenden Pflanze eine besondere Begabung erkennen. Die alte Bedeutung des Wortes *Gift*, die sich im Deutschen als *Mitgift* erhalten hat, meint eine Gabe, ein Geschenk. Im Englischen bedeuten *gift* und *gifted* immer noch *Geschenk* bzw. *begabt*. Wer aber an derartig starken Begabungen teilhaben will, muß sich entsprechend verhalten und bewußt und vorsichtig damit umgehen.

Im Grunde ist das Allgemeinwissen, und liegt uns nur deshalb etwas ferner, weil die meisten von uns Nahrung, Gewürze und Heilmittel als Fertigwaren beziehen, ohne sich über ihre pflanzliche Herkunft im klaren zu sein. Grundsätzlich sind tödlich giftige Pflanzen in der mitteleuropäischen Flora und unter den hier wachsenden eingeführten Zierpflanzen eher selten; wer sich auch nur etwas mit Pflanzenkunde beschäftigt, wird sie recht schnell kennenlernen. Häufiger sind schon jene, die bei Genuß einiges Unwohlsein hervorrufen. Der Autor verdankt seine ersten einprägsamen Erfahrungen mit Pflanzenkräften dem Schwarzen Holunder *(Sambucus nigra)*. Einmal hat er es als Kind unternommen, einen Zweig dieses Busches (sie sind hohl und eignen sich gut zur Herstellung von Blasrohren) mit den Fingernägeln abzuschälen. Nun ist die innere grüne Rinde des Holunders mit scharfen, hautreizenden Stoffen begabt, was in früherer Zeit zu ihrer Verwendung für ableitende „Heilentzündungen" benutzt wurde. In diesem Fall führte es dazu, daß sich beide Daumennägel entzündeten und innerhalb der nächsten Wochen ausfielen (dann aber auch wieder nachwuchsen). Das zweite Erlebnis folgte dem Verzehr von Holunderbeeren während eines Schulausflugs im Alter von etwa zehn Jahren. Kurz nach dem er einige Mundvoll der aromatischen Früchte genossen hatte, ereilte ihn ein kolikartiges Erbrechen, das aber ohne weitere körperliche Nachwirkung blieb. Bis heute geblieben ist aber ein großes Erstaunen und eine besondere Beziehung zum Holunder, der ihm ein erstes Erkennen der Pflanzenkräfte gab. Vielleicht werden sich durch diese Geschichte jetzt einige in ihrer Haltung bestätigt fühlen, die Finger von den wilden Gewächsen zu lassen, aber es soll eher eine Ermutigung sein. Als Erwachsene können wir uns ihnen vorsichtiger und besser informiert nähern, und auch unsere Erfahrungen auf eine Weise dosieren, daß wir es überschauen und verantworten können. Bei Kindern bewährt es sich, sie dazu anzuhalten, vor Verzehr einer unbekannten Frucht immer die Erwachsenen zu fragen. Es gibt eben Früchte, die auch für Menschen, und solche, die *„nur für die Vögel"* gut sind. Damit wird der Begriff *giftig* fürs erste gemieden und der Angst vorgebeugt, von gefährlichen Geschöpfen umzingelt zu sein, die so viele Menschen heutzutage untergründig in sich tragen. Gleichzeitig ist damit gesagt, daß auch für Menschen vielleicht unzuträgliche Früchte (und Pflanzen) ihren Sinn in der Natur erfüllen.

Für die Zubereitung von Blütenessenzen spielt all das eine eher geringe Rolle. Was wir dabei von den Pflanzen suchen, ist ihre geistige Essenz, ihr stofflicher Aufbau betrifft uns nur solange, als wir direkt mit den Pflanzenteilen hantieren.

Bei giftigen Pflanzen ist es also ratsam, die folgenden Punkte zu bedenken:

✽Sei vorsichtig beim Hautkontakt mit Pflanzenteilen.
✽Vermeide das Berühren oder Kosten von Pflanzensäften.
✽Bediene Dich einer der Herstellungsmethoden, die es mit der Freiheit von Materie besonders weit treiben, namentlich der Tautropfenmethode, der Tropfmethode oder der Eintauchmethode.

Eine so zubereitete Blütenessenz ist frei von stofflichen Bestandteilen der Herkunftspflanze und enthält nur ihre wohltuenden harmonisierenden Kräfte, genau wie Essenzen ungiftiger Pflanzen.

Die Blüten

In den Blütenessenzen (gemeint ist jetzt immer die flüssige Form) bewahren wir Kräfte, die uns die Pflanzen über ihre Blüten vermitteln. Deswegen sollen gerade die Blüten in einem besonders guten Zustand sein: frisch wie gerade geöffnet, frei von Beschädigungen, artgemäß ausgeformt. Mit ihnen gilt es bei der Zubereitung der Blütenessenz umzugehen. Dazu einige Anmerkungen, die jetzt vielleicht unnötig erscheinen, bei der praktischen Ausführung erfahrungsgemäß aber eine Hilfe sein können.

✸ Bei Arten mit größeren, – einzeln pflückbaren – Blüten können leicht die schönsten herausgesucht werden.

✸ Wenn viele kleine Blüten in einem Blütenstand vereinigt sind, der als Ganzes blüht (wie bei vielen Doldenblütlern oder beim Holunder), liegt es nahe, den ganzen Blütenstand wie eine Blüte zu behandeln, ihn also zusammenhängend mit dem Wasser in Kontakt zu bringen.

✸ Wenn sich die kleinen Teilblüten eines Blütenstands der Reihe nach öffnen, als Knospen, offene Blüten und junge Früchte sehr nahe zusammen stehen, zu nahe, um die Einzelblüte unbeschädigt herauszupflücken, ist anders vorzugehen: Bei den Bach–Blüten Odermenning und Eisenkraut, die solche Blütenstände haben, lautet die Orginalvorschrift[22], den Stengel oberhalb der jungen Früchte und welken Blüten zu pflücken. Außerdem soll ein Stadium gewählt werden, wenn möglichst wenig Blütenknospen und möglichst viele offene Blüten am Stiel zu finden sind. Die Logik dabei ist also, trotzdem möglichst viele Blüten im „idealen" Zustand zu bekommen.

✸ Bei manchen Pflanzen dauert die Blütezeit nur wenige Tage, sie fordern also eine sehr genaue Beobachtung; andere zeigen über Wochen oder gar Monate schöne und für Essenzen brauchbare Blüten. Manchmal hilft es auch, der Hochblüte in bergige Gegenden nachzugehen, wo sie später eintritt (Faustregel: pro hundert Höhenmeter etwa eine Woche später).

✸ Es ist ein Gebot des Respekts, den kleinen Käfern und anderen Tieren, die in den Blüten leben, eine Chance zum Entkommen zu lassen, wenn sie durch das Bereiten der Essenz gefährdet werden.

Das Wetter

Wenn es uns Zivilisationsmenschen auch schwerfällt zu akzeptieren, die Zubereitung von Blütenessenzen ist sehr von den „Launen" des Wetters abhängig. Manchmal möchten wir unbedingt diese Essenz erstellen, doch die Sonne will nicht scheinen, manchmal haben wir etwas anderes vor, aber schon der erste morgendliche Blick aus dem Fenster sagt uns: heute oder nie!

Die idealen Tage sind wirklich oft schon am frühen Morgen zu erkennen mit ihrem strahlend blauen Himmel ohne eine Wolke, und einer Stimmung, die uns sonst zu einem Badeausflug oder einer Wanderung verlocken würde. Neben der Sonne spielt auch die Klarheit der Luft eine Rolle; es gibt Tage im März oder Oktober, an denen das Licht intensiver wirkt als in der schwülen, dunstigen Luft eines heißen Sommertages.

Wer nun glaubt, diese Tage seien nun doch zu selten, sei getröstet – nur eine der folgenden Herstellungsmethoden kann ausschließlich an solchen Tagen ausgeführt werden, nämlich die *Sonnenmethode*. Für alle anderen genügt es, wenn die Sonne auf die Blüten scheint, während der Prozeß ausgeführt wird. Das Nähere findet sich dann bei der Beschreibung der einzelnen Verfahren.

Neben der Sonne und den Wolken, die hier eine so große Rolle spielen, verdienen es auch die anderen Er-

scheinungen des Wetters beim Zubereiten einer Blütenessenz beobachtet zu werden: der Wind, die Veränderungen der Temperatur, die Wolkenformen, der Taufall
usw. Ganz gleich, ob uns all das nützlich oder hinderlich
ist, es verdient beachtet zu werden, weil es Teil des Ge-
samtzusammenhangs *Natur* ist, von dem wir uns inspirieren lassen. Hier verdient alles Beachtung – und Achtung – einfach, weil es da ist.

Das Wasser

Zur Qualität von Wasser

Bei den Blütenessenzen ist das Wasser der „Träger",
es nimmt also beim Herstellungsprozess die Kräfte
der lebenden Blüten auf. In den Orginalvorschriften für
die Bachessenzen wird gesagt, es solle eine „gute" Quelle sein, die möglichst in der Nähe der entsprechenden
Pflanzen entspringt.

Aber was ist ein „gutes" Wasser?

Wir Zivilisationsmenschen sind gewohnt, den Wasser-
hahn aufzudrehen oder eine Wasserflasche zu öffnen,
wenn wir gutes, d.h. trinkbares Wasser haben möchten.
Wir verlassen uns darauf, daß die Leute vom Wasser-
werk oder Abfüllbetrieb das schon richtig beurteilen
werden bzw. sorgfältige chemische Analysen durchge-
führt haben, damit uns Wasser zur Verfügung steht, das
als Lebensmittel geeignet ist.

Wenn wir aber in der Landschaft an eine Quelle oder
einen Bach kommen, beschleichen uns leicht gewisse
Zweifel. Es kann klares Wasser sein und auch gut
schmecken, aber ist es deswegen schon „gut" zum Trinken oder für die Bereitung von Blütenessenzen?

Auch wenn es eine Gegend ohne Industrie und intensive Landwirtschaft wäre, vielleicht ist doch irgendwo zuviel Gülle auf den Boden gebracht worden oder zuviel
saurer Regen gefallen, der das Wasser geschädigt hat?!

Weil wir nur noch selten „instinktiv" wissen, ob eine Quelle gutes Wasser führt, und doch eine Ahnung davon haben, wie empfindlich Wasser ist, sind wir verunsichert.

In seiner chemischen Struktur ist Wasser zwar überaus stabil, doch ist es gleichzeitig ein Urbild für Anpassungsfähigkeit und Empfindlichkeit. Es paßt sich der Form seines Gefäßes an und bewegt sich in seinem Bett auf dem Weg des geringsten Widerstandes, doch mit Bewegungsformen, die wassertypisch sind. Es nimmt von praktisch jedem Stoff, mit dem es in Kontakt kommt, durch seine Lösungskraft einen Teil in sich auf. Es bleibt immer Wasser, und ist doch geprägt von den Einflüssen, denen es ausgesetzt war. In seinem kristallartigen inneren Aufbau hat es eine Art „Gedächtnis", das etwas von diesen Einflüssen bewahrt. Das merken wir im Guten, wenn wir darin etwas von der Kraft der Blüten „aufbewahren", und im Schlechten, wenn sich die Folgen schädlicher Zivilisationseinflüsse zeigen.

Damit wird auch klarer, warum selbstgeschöpftes Quellwasser für unsere Zwecke am Besten geeignet ist: Es war weniger „künstlichen" Einflüssen ausgesetzt und hat sich so mehr von seiner ursprünglichen Kraft bewahrt. Ähnlich wie beim Gedanken der „Vollwertkost" bei der Nahrung, können wir nachvollziehen, daß bei jedem Verarbeitungsschritt etwas von der Qualität verlorengeht. Beim Wasser sind das technische Verfahren wie Pumpen, der Transport durch Rohre, der Entzug unerwünschter Inhaltstoffe („enteisend") oder das Versetzen mit Kohlensäure. So kommt es, daß das Wasser mancher unscheinbaren Quelle der näheren Umgebung, selbst geschöpft, für die Bereitung von Blütenessenzen besser geeignet sein kann als das abgefüllte einer hochgelobten Heilquelle.

Wasserwesen

In vielen Gegenden gibt es (noch) eine aus alter Zeit überlieferte Tradition, die um die besondere Güte bestimmter Quellen weiß[23]. Dort wurde das Wasser geschöpft, um Heilung für verschiedene körperliche Gebrechen zu erlangen. Oft sind solche Quellen mit Kapellen oder Kirchen überbaut und Legenden erzählen von der Entdeckung ihrer Kräfte durch Heilige; häufig sind sie auch für religiöse Zeremonien wie die Taufe verwendet worden. Manche können bis zu vorchristlichen Weihestätten am selben Platz zurückverfolgt werden. Manchmal hat sich sogar ein Name für das Wesen erhalten, das an einer bestimmten Quelle „wohnt", wie beim „Blautopf" in der Schwäbischen Alb bei Blaubeuren der von der Undine *Lau*. Von diesem Platz schreibt *Pelikan*[24] : *„Plötzlich hemmen sich die Schritte und das Geschwätz verstummt. (...) Sie (die Besucher) sind ... stehengeblieben ... und versinken in den Anblick. (...) Es steigt in ihnen etwas auf, das wie ein Traum ist, den die Wassertiefe selbst träumt. Man fließt mit diesem Anblick zusammen, man erlebt die Undine. "* Es gibt noch einige andere derart starke Quellen, die uns Menschen auch heutzutage die Berührung solcher Kräfte spüren lassen, darunter so berühmte wie den Antritz-Ursprung bei Graz, von dem der Mystiker *Jakob Lorber* berichtet, sie werde von einem eigenen Engel bewacht. Wer geneigt ist, über derartige Feststellungen zu spotten, möge einmal einen solchen Platz besuchen und dann urteilen. Es mag uns heute naiv erscheinen, der Kraft einer Quelle die Gestalt einer Nymphe, Wasserfee oder eines Heiligen zu geben, doch hat sich darin eine Ahnung von den Wesen der Natur erhalten, die unsere Ahnen als die Seele alles Lebendigen angesehen haben. Für sie war das „realistischer", als es für uns chemische Analysen je sein werden. Denn merkwürdigerweise ergibt die Untersuchung solcher Wasser auf mineralische Inhaltsstoffe oft nichts Besonderes, sie haben dann keine Chance, ob ihrer chemischen Eigenschaften als Heilwasser wissenschaftlich anerkannt zu werden, obwohl doch generationenlange Erfahrung die wohltätigen Kräfte belegen.

Welches Wasser nehmen?

Tatsächlich gibt es ein Merkmal, das *gutes Wasser* aus-zeichnet und das sich auch leicht feststellen läßt – damit kehren wir wieder zu den ganz praktischen Fragen zurück. Dieses Merkmal ist die Haltbarkeit: Wenn sich aus einer Quelle geschöpftes Wasser über Monate (oder gar Jahre) frisch, klar und wohlschmeckend erhält, ist das schon ein starkes Indiz dafür, daß es sich für un-sere Zwecke eignet. Ein einfacher Test besteht also dar-in, das in eine saubere verschließbare Flasche abgefüllte Wasser einige Zeit zu beobachten. Wer dies einmal mit verschiedenen Wassern versucht, wird erstaunt sein, wie unterschiedlich das Ergebnis ausfällt.

Es kann natürlich sein, daß sich schließlich ergibt, daß sich gutes Quellwasser nicht (mehr) in der näheren oder weiteren Umgebung findet. Oder daß es nicht mehr frei zugänglich ist, weil es für die öffentliche Was-serversorgung oder kommerzielle Zwecke gefaßt wur-de. Das ist (wenn wir mal von unserem Vorhaben, eine Blütenessenz herzustellen, absehen) schon eine Erfah-rung, die es wert ist, gemacht zu werden, weil wir damit bewußter dafür werden, wie es um das Element Wasser in unserer Umgebung bestellt ist.

Es heißt aber auch, vom Ideal Abschied zu nehmen und die nächstbesseren Möglichkeiten zu suchen, als da sind:

✸ weiter weg fahren, um eine gute Quelle zu finden;

✸ die öffentliche Zapfstelle benutzen, die viele bekann-te Wasserabfüller an der Quelle haben;

✸ abgefülltes stilles (!) Wasser nehmen, möglichst von Betrieben, die entsprechend sorgfältig arbeiten (die gibt es, nachfragen!);

✸ Regenwasser, möglichst frisches, ist auch geeignet, je-denfalls für die Kochmethode.

✸ Es gibt auch Menschen, die ihre Blütenessenzen mit destilliertem Wasser zubereiten. Nach dem oben Ge-sagten wird aber klar sein, warum sich der Autor mit dieser Variante nicht anfreunden mochte, so wenig wie mit durch irgendwelche technischen Filter- oder Verbesserungsverfahren behandeltem Wasser.

● Eine „exotische" Methode zur Wassergewinnung ist das Sammeln von Tau. Ein altes Verfahren (der Alchemisten) dafür besteht darin, ein sauberes großes Tuch im Freien zwischen vier Pfählen aufzuspannen. An die Stelle, wo das Tuch am tiefsten durchhängt, wird ein Sammelgefäß gestellt. In Nächten mit reichlich Tau (klarer Himmel) saugt sich das Tuch voll Feuchtigkeit, die schließlich in das Gefäß abtropft. Das Tuch muß so hoch gehängt werden, daß es auch im schweren, nassen Zustand nicht den Boden berührt.

● Zum Aufbewahren des Wassers werden geleerte Schnapsflaschen empfohlen. Es geht aber auch mit ganz sauberen Mineralwasserflaschen.

Alkohol

Am Schluß jeder der folgenden Methoden wird das durch die Blüten geprägte Wasser im Verhältnis 1:1 mit Alkohol konserviert. Edward Bach nahm für seine Essenzen Branntwein, das hat sich in der Blütentherapie auch so erhalten. Neben der konservierenden Wirkung könnte für seine Wahl aber noch etwas anderes eine Rolle gespielt haben. Die Erfinder des Schnapsbrennens, die Alchemisten, haben ihre Destillate als Medizin verstanden. Durch das Brennen der vergärten Pflanzen wollten sie ihre reine Heilkraft freisetzen, ein geistiges Konzentrat ihrer Wirkung. Darum heißt destillierter Alkohol Wein-*Geist*. Auch der Begriff *Essenz* (d.h. „das Wesentliche") bezeichnete ursprünglich eine solche alchemistische Zubereitung. Obwohl Schnäpse heutzutage als Genußmittel produziert werden, können wir doch annehmen, daß immer noch etwas von der Eigenart der Pflanzen, die destilliert wurden, darin zu finden ist. Weil die Weinrebe auch eine der Blütenessenzen des Bach-systems ist, kann es durchaus eine sehr bewußte Wahl Bachs gewesen sein, Weinbrand zur Konservierung zu wählen.

✤ Wer also ganz traditionell arbeiten möchte, wird für seine Blütenessenz einen Weinbrand (Brandy, Cognac), möglichst von Trauben aus naturgemäßem „biologi-schem" Anbau, wählen.

✤ Erfahrungsgemäß sind aber auch andere Obstbrände geeignet, wie Kirschgeist, Zwetschgenwasser, Apfel- und Birnenschnaps, wie sie sämtlich auch schon aus na-turgemäßem Anbau erhältlich sind (von vielen dieser Pflanzen gibt es inzwischen auch Blütenessenzen!).

✤ Weniger gut eignen sich Kartoffelschnaps und der „anonyme" medizinische Alkohol. Trotzdem sind fast al-le Schnäpse im Notfall verwendbar, schließlich ist die Destillation ein Reinigungsprozeß und viele etwaige Unreinheiten bleiben beim Brennen in der Maische zurück.

✤ Gänzlich gemieden werden sollten für diesen Zweck aber alle Produkte, die nachträglich gefärbt, gesüßt oder aromatisiert wurden.

✤ Bei den Mengenangaben wird von der üblichen Stär-ke für Trinkalkohol (36 – 43 %) ausgegangen.

✤ Für Menschen, die auch die Einnahme von geringsten Mengen Alkohol vermeiden möchten, gibt es die Mög-lichkeit, die Essenzen mit Essig zu konservieren. Nähe-res dazu am Ende dieses Kapitels (siehe „Dosierung").

Geräte

Gefäße und Geräte vorbereiten

Alle für die Zubereitung und das Abfüllen von Blüten-essenzen benutzten Gefäße und Geräte müssen ausge-kocht werden. Dazu werden sie in kaltem Wasser aufge-setzt und zwanzig Minuten gekocht, oder in einem entsprechenden Topf unter Dampf gesetzt. Danach läßt man sie trocknen und schlägt sie in saubere Geschirrtücher ein, ohne ihre Innenseiten mit den Händen zu berühren. Es ist damit keine klinische Sterilität beabsichtigt, sondern das Geschirr soll sauber und frei von störenden Einflüssen werden, die durch Herstellung und Vertrieb an ihnen haften oder von Resten der letzten Essenzzubereitung.

Das betrifft Glasschalen, Kochtöpfe, Flaschen, Trichter, Bechergläser, Schnabelkännchen, Filtergefäße usw., eben alles, was mit der Essenz in Berührung kommen könnte. Das Material sollte entsprechend gewählt werden, gut geeignet sind Glas, Porzellan und Emaille; blanke Metalloberflächen besser vermeiden (es sei denn Gold oder Silber, aber wer leistet sich das schon!).

Aufbewahrung der Blütenessenzen

Für die Aufbewahrung der fertigen Blütenessenzen werden immer „neue, gut verschließbare" Flaschen verlangt. Je nach der Menge, die aufbewahrt werden soll (die Methoden ergeben auch ganz unterschiedliche Mengen von 1–2000 ml), gibt es in Apotheken oder dem einschlägigen Großhandel (Braunglas-) Flaschen mit dichtem Verschluß zu kaufen. Sparsame können sich auch mit einer geleerten Schnapsflasche behelfen.

Für die Aufbewahrung kleinerer Mengen und die Herstellung mit der *Tau-* wie mit der *Tropfmethode* (s.u.) eignen sich auch die in der Blütentherapie sowieso üblichen Pipettenflaschen. Da ist aber darauf zu achten, daß die Gumminippel mancher Fabrikate das Auskochen nicht vertragen und danach in kürzerer Zeit klebrig und undicht werden (ausprobieren bzw. beim Lieferanten nachfragen!). In diesem Fall werden die Pipettenmonturen auseinandergenommen. Das Glasröhrchen läßt sich leicht aus dem Gumminippel herausziehen und kann dann ausgekocht werden, die Gummiteile werden mit etwas Schnaps ausgewaschen und dann als Ganzes wieder zusammengebaut. Diese Pipettenflaschen haben den großen Vorteil, daß aus ihnen beim Zubereiten von Vorratsfläschchen die Uressenzen sehr praktisch tropfenweise dosiert werden können. Wer Blütenessenzen in solchen Fläschchen aufbewahrt, muß sie aber von Zeit zu Zeit kontrollieren, weil das Pipettengummi im Laufe der Jahre brüchig und undicht wird und dann ausgewechselt werden muß.

Die einzelnen Herstellungsmethoden

Trotz aller Unterschiede ergeben die im folgenden beschriebenen Herstellungsmethoden Essenzen vergleichbarer Qualität. Alle führen sie zu Blütenessenzen, wie sie in der Blütentherapie erwünscht sind und gebraucht werden. Auch bei Versuchen, von derselben Pflanzenart Essenzen mit verschiedenen Methoden zu gewinnen und diese miteinander zu vergleichen, erwies sich, daß sie sich praktisch gleichwertig waren. Welche der Methoden in einem bestimmten Fall vorzuziehen ist, hängt von den speziellen Umständen ab, vor allem der Art der Pflanze und der Gestalt ihrer Blüten, aber auch dem Klima und der Jahreszeit, dem aktuellen Wetter und natürlich auch persönlichen Vorlieben des Menschen, der die Essenz zubereiten will. Meist stellt sich schnell eine sichere Wahrnehmung davon ein, welche unter den gegebenen Umständen die angemessene Vorgehensweise ist. Es lohnt sich, dabei im Sinn zu behalten, daß die Technik eine Hilfe sein kann, eine dem Vorgang förderliche Einstellung zu üben. Wenn wir auch aktiv sind, um die Umstände zu schaffen, die eine Blütenessenz entstehen lassen, ist es ganz wesentlich doch ein Geschenk der Natur. Wir leisten unseren Beitrag – insbesondere ist das neben dem Handwerklichen die Einstimmung auf die Pflanze – und treten dann ein Stück zurück und lassen es geschehen. Bevorzuge also diejenige Methode, die es Dir erleichtert, eine solche Haltung der Zusammenarbeit einzunehmen.

Für alle Verfahren gilt:

* Blütenessenzen sollen vormittags *mit aufsteigender Sonne* zubereitet werden. Es gilt also, rechtzeitig zu beginnen, besonders bei Pflanzen, die kleine und/oder mühsam zu pflückende Blüten aufweisen oder weit verstreut stehen.

* Es ist eine gute Sitte, von einer jeden fertigen Uressenz etwas auf die Erde zurückzugießen als eine Geste der Dankbarkeit und des Respekts.

* Mehr der eigenen Freude dient es, selbst einen Schluck der Uressenz zu nehmen. Beides ist sehr empfehlenswert!

Tautropfenmethode

Material:
* 1 Pipettenflasche (ausgekocht)
* Alkohol
* Etikett

Prinzip:
* Es wird morgens der auf den Blüten liegende Tau gesammelt

Wetterbedingung:
* Klarer Himmel mit starker Morgensonne.

Schrittfolge:
* An einem klaren Morgen die Tautropfen von den Blüten der gewählten Art mit der Pipette aufsaugen und in der Flasche sammeln.
Die Blüten und Tautropfen müssen bereits direkt von der Sonne beschienen sein.
* Die gesammelte Taumenge wird zum Schluß mit der gleichen Menge Alkohol aufgegossen und ist dann bereits eine Blüten-Uressenz.

Der Ausgangspunkt der heutigen Blütentherapie (bzw. ihrer Herstellungsmethoden) war die Beobachtung Edward Bachs, daß der morgentliche Tautropfen auf einer Blüte, den er kostete, die von ihm gesuchte harmonisierende Wirkung enthielt. Seiner Erkenntnis nach ist das in sehr verstärktem Maße dann der Fall, wenn das Sonnenlicht darauf eine Zeitlang eingewirkt hat.

Die Tautropfenmethode geht auf diesen Ursprung zurück (Bach hat sie aber später nicht mehr angewandt). Es ist die einfachste aller Methoden. Sie hat aber doch einige Tücken und ist deswegen wenig in Gebrauch. So gibt es in manchen Nächten zu wenig Tau, um davon etwas auf den Blüten zu finden; manche Blüten halten den Tau auch nicht, selbst wenn genug davon gefallen ist; oft ist der Tau auch schon geschwunden, wenn das Sonnenlicht die Blüten endlich erreicht.

Die Tautropfen von den Blüten mit der Pipette aufsaugen

Das Sammeln kann, obwohl es etwas mühsam ist, ein sehr bewegendes und schönes Erlebnis sein. Trotzdem wird es kaum für die Bereitung größerer Mengen von Uressenz reichen.

Gut eignet sich die Methode aber dafür, von einer ansprechenden Pflanze ein Fläschchen der „Vorratsstärke" herzurichten, von dem ja auch lange gezehrt werden kann. Dazu genügt es, jeweils einige Tropfen des Taus mit Alkohol zu konservieren – etwa 2–3 Tropfen auf 10 ml Trinkalkohol, es darf aber ruhig mehr von dem Tau sein. (Die Begriffe *Uressenz*, *Vorratsstärke* und *Einnahmestärke* bezeichnen den Verdünnungsgrad der Essenz. Die genauen Mengenverhältnisse finden sich am Ende des Kapitels unter „Dosierung".)

Sonnenmethode

Material:
❋1 Glasschale ❋1 Krug oder Becherglas mit Ausgießer
❋1 neue, gut verschließbare Flasche (alles ausgekocht)
❋Wasser ❋Alkohol ❋Etikett

Prinzip:
❋Die gepflückten Blüten werden vormittags in eine wassergefüllte Glasschale gelegt und einige Stunden der Sonne ausgesetzt.

Wetterbedingung:
❋Es sollte ein wolkenloser Tag sein,
jedenfalls sollte die Sonne nie von Wolken bedeckt werden

Schrittfolge:
❋Eine Stelle wählen, wo die Pflanzen wachsen und die den ganzen Vormittag volles Sonnenlicht erhält (also kein Schatten z.B. von umstehenden Bäumen).
❋Die Schale wird auf den Boden gestellt und mit dem Wasser bis knapp unter den Rand gefüllt. Etwa umstehendes Gras sanft zu Boden drücken, damit es weder in die Schale hängt noch Schatten hineinwirft.
❋Dann werden die Blüten gepflückt – sie müssen bereits in der Sonne stehen – und die ganze Wasseroberfläche wird damit so bedeckt, daß möglichst jede Blüte mit em Wasser Kontakt hat. Die Blüten *dürfen dabei mit der Hand nicht berührt werden*, sondern nur mit einem Blatt, das zwischen Zeigefinger und Daumen geklemmt ist. Wenn möglich, ist das ein Blatt der betreffenden Art; sind diese zu klein oder noch keine vorhanden, geht es auch mit Blättern einer der umstehenden Pflanzen.
❋Es sollen möglichst die Blüten vieler verschiedener Exemplare der Art genommen werden. Wenn diese sehr zerstreut stehen, können die Blüten in einer – auch mit Blättern bedeckten ! – Hand gesammelt und dann zur Schale gebracht werden (Das ist nur bei stabileren Blüten empfehlenswert, manche Blüten welken innerhalb weniger Minuten, sie sollten nach dem Pflücken schnellstmöglichst ins Wasser, also einzeln einlegen!).
❋Während der ganzen Zeit soll kein Schatten auf die Schale fallen, auch nicht der eigene Körperschatten. Ganz läßt sich das natürlich nicht vermeiden – es fordert schon viel Konzentration diesem Ideal auch nur einigermaßen nachzukommen.
❋Das Einlegen sollte bis etwa 8 bis 9 Uhr (9 bis 10 Uhr Sommerzeit) beendet sein. Die Schale wird so drei (bis vier) Stunden stehen gelassen. Unter Umständen muß der Prozeß auch früher beendet werden, wenn die Blüten vor der Zeit zu welken beginnen.
❋Schließlich werden die Blüten herausgefischt, wieder möglichst mit einem Blatt oder Stengel der gleichen Art, jedenfalls aber ohne das Wasser mit der Hand zu berühren.
❋Das so präparierte Wasser wird in das Schnabelkännchen umgegossen, dann in die Flasche gefüllt und etikettiert. Mit der gleichen Menge Alkohol aufgefüllt ist die Uressenz fertig.

ies ist eine der „originalen"
Bachmethoden, die er aus seinen Versuchen mit Tau entwickelt
hat. Sie ist einfach auszuführen,
braucht aber von allen Methoden
die idealsten Wetterverhältnisse.

Die Schalen sollen aus klarem, einfachen Glas sein, also ohne Farbe,
Schliff oder (eingeäzte) Schrift, kein
Bleikristall. Gut geeignet sind die
mundgeblasenen Dessertschalen mancher Hersteller. Im Zweifel ist eine
eher flache Form zu bevorzugen.
Die Größe einer Dessertschale paßt
für die meisten Blüten; bei sehr
großen Blüten wird auch eine größere Schale gewählt, um eine ausrei-
chende Anzahl unterzubringen, bei
sehr kleinen Blüten eine entsprechend kleinere, weil das
Pflücken sonst endlos dauert.

Die Sonnenmethode bietet viel Zeit zum Schauen, Beobachten und Sinnieren. Sobald die Blüten eingelegt
sind, entsteht die Blütenessenz „wie von selbst", und
dem Menschen bleibt in der Zwischenzeit nur die Aufgabe, ein schützendes Auge auf die Schale zu haben.
Häufig gelingt das aus einem gewissen Abstand leichter
als in unmittelbarer Nähe. Für viele Menschen ergibt
sich da die Herausforderung, eine rechte Balance zu finden zwischen dem „Dabeisein" und dem „Geschehen-
lassen".

*Die
Sonnenmethode
bietet viel Zeit
zum Schauen,
Beobachten
und Sinnieren.*

Kochmethode

Material:
- 1 Emailletopf (3 Liter) mit Deckel
- 1 Krug oder Becherglas mit Ausgießer (1 Liter)
- 1 neue, gut verschließbare Flasche
- 1 Filtertrichter (evtl.) [alles ausgekocht]
- Wasser (ca. 1,5 Liter)
- Alkohol
- Etikett
- einige Stücke (Labor-) Filterpapier (evtl.)

Prinzip:
- Blühende Zweigspitzen werden auf Feuer sachte ausgekocht.

Wetterbedingung:
- Während des Pflückens (möglichst auch einige Zeit davor) soll die Sonne auf die Blüten scheinen.

Schrittfolge:
- Von der betreffenden Pflanzenart werden morgens etwa 15 cm lange blühende Zweigstücke – das ist die Größe, die gut in einen 3-Liter-Topf paßt - gepflückt und der Topf zu drei Viertel damit gefüllt. Das heißt, daß oft auch Blätter mit in der Essenz sind.
- Dann wird der Topf verschlossen und schnellstmöglichst zur Feuerstelle gebracht. Es wird soviel Wasser aufgegossen, daß der Topf etwa zu zwei Drittel gefüllt ist (ca. 1,5 Liter), und ohne Deckel zum Kochen gebracht. Die Essenz soll etwa 20 Minuten ganz leise köcheln. Sollte das Gekochte stark aufschwimmen, kann es mit einem Zweig derselben Pflanze unter Wasser gedrückt werden.
- Danach ohne Deckel im Freien zum Auskühlen hinstellen. Aus der abgekühlten Flüssigkeit mit einem Zweig die Pflanzenteile herausfischen, ohne die Flüssigkeit mit der Hand zu berühren.
- Alles (evtl. durch einen Filter) in einen Krug und dann in die Flasche umfüllen. Mit der gleichen Menge Alkohol auffüllen und etikettieren. Dies ist die Blüten-Uressenz nach der Kochmethode.

Die Kochmethode ist das zweite von Bach selbst entwickelte Herstellungsverfahren. Er hat es für etwa die Hälfte seiner Essenzen gebraucht, fast allesamt Bäume oder Büsche. Als Begründung für die Entwicklung dieser zweiten Methode wird in der Literatur meist angeführt, daß die betreffenden Pflanzen sehr früh im

Jahr blühen, wenn die Sonne noch nicht ausreichend Kraft besitze, um mit der Sonnenmethode zu guten Essenzen zu kommen. Tatsächlich muß nur beim Pflücken der Blüten die Sonne scheinen, danach darf das Wetter sein, wie es will.

Trotzdem ergibt die angeführte Begründung wenig Sinn, wenn wir sehen, daß sommerblühende Pflanzen wie die Heckenrose, der Ackersenf und die Edelkastanie zu den so zubereiteten Pflanzen gehören, während die viel früher blühende Eiche mit der Sonnenmethode zubereitet werden soll. Bei den Roßkastanien wird gar die weiße mit der Sonnenmethode und die (praktisch gleichzeitig blühende) rote mit der Kochmethode hergestellt.

Die Kochmethode ist das zweite von Bach selbst entwickelte Herstellungsverfahren.

Das Rätsel läßt sich leicht lösen, wenn wir verfolgen, in welcher Reihenfolge die Essenzen entdeckt wurden: Die ersten Blütenessenzen hat Bach durchwegs mit der Sonnenmethode zubereitet, die zuletzt entdeckten allesamt mit der Kochmethode. Wir können also vermuten, daß gewisse Umstände seines Lebens (etwa ein bestimmter Zeitdruck) Edward Bach dazu geführt haben, diese Methode zu entwickeln, die weniger anspruchsvoll ist, was den Zeitbedarf und den Wetterablauf betrifft, und zudem eine größere Menge Essenz ergibt. (Wohlgemerkt: Essenz von vergleichbarer Qualität und Wirksamkeit!)

Es versteht sich von selbst; daß der Topf neu oder nur für solche Zwecke gebraucht worden sein darf; er muß jedesmal sorgfältig gesäubert (manche Essenzen hinterlassen harzige Rückstände) und dann ausgekocht werden. Das Emaille könnte u.U. durch feuerfestes Glas oder Keramik ersetzt werden, nicht aber durch Edelstahl

Herstellungsmethoden   *69*

oder Ähnliches, so daß die Essenz mit blankem Metall in Verbindung kommt.

Beim Kochvorgang wurde mit Absicht von „Feuerstelle" gesprochen – ein richtiges Holzfeuer ist tatsächlich die ideale Wärmequelle dafür. Im Holz ist Sonnenenergie gespeichert, die beim Verbrennen frei wird, und so bei der Essenzzubereitung hilft. Wer also noch einen Holzherd in der Küche hat, ist für die Kochmethode gut gerüstet. Wer keinen hat, kann sich auch anders behelfen. Es kann zum Beispiel sehr schön sein, an Ort und Stelle ein kleines Lagerfeuer anzuzünden und die Essenz darauf zu kochen. Aber auch diese Möglichkeit wird sich nur begrenzt verwirklichen lassen, weil uns in vielen Fällen der Respekt und die Rücksichtnahme für die Landschaft und ihre Bewohner davon abhalten, ein offenes Feuer zu machen. Wir können das Kochen aber in den eigenen Garten verlegen oder draußen mit einem kleinen Campinggaskocher arbeiten. Diese Geräte sind in den meisten Situationen ohne Gefahr für die Umgebung anwendbar und erlauben es, direkt bei den Pflanzen die Essenz zu kochen, ohne die gepflückten Blüten vielleicht lange transportieren zu müssen. Es ist schon spürbar, daß die Gasflamme nicht ganz an die wunderbare Wärme des Holzfeuers herankommt, wir können uns aber mit dem Gedanken trösten, daß auch das Gas seine Energie letztlich von der Sonne erhalten hat.

Abzuraten ist davon, für Kochessenzen elektrische Heizplatten, Induktionsherde oder gar Mikrowellenherde zu benutzen. Auch Benzin- und Spirituskocher sind wegen der starkriechenden Dämpfe nicht ratsam.

Das recht langwierige Abfiltern durch Papier läßt sich meist umgehen, wenn die Flüssigkeit lange genug ruhig stehen gelassen wird. Die Trübstoffe setzen sich dann ab, und die klare Essenz kann vorsichtig abgegossen („dekantiert") werden. Wenn sich später in der Essenzenflasche noch einmal sehr viel Trub absetzen sollte, kann das Dekantieren wiederholt werden. Etwas Trü-

Herstellungsmethoden

bung ist aber im Grunde für die Haltbarkeit ohne Belang.

Dies scheint im Vergleich mit den anderen eine recht „grobe", materie-bezogene Herstellungsmethode zu sein. Doch gibt es Pflanzen, und auch Situationen, die geradezu danach verlangen. Auch für die Herstellenden kann es sehr reizvoll sein, eine solche Essenz zu kochen, und zu verfolgen, welche Gerüche, Farben und Geschmäcke dabei entstehen. Welch ein Wunder, wenn zum Beispiel eine Holzapfelessenz beim Erwärmen auf einmal zarten Rosenduft verströmt!

Eintauchmethode

Material:
* 1 Glasschale
* 1 Krug oder Becherglas mit Ausgießer
* 1 neue, gut verschließbare Flasche (alles ausgekocht)
* Wasser * Alkohol * Etikett
* evtl. Bindematerial (Schnur, Mullbinde, Pflock)

Prinzip:
* Die Blüten verbleiben an der Pfanze und werden in die Wasserschale eingetaucht und so einige Zeit der Sonne ausgesetzt.

Wetterbedingung:
* Es sollte ein wolkenloser Tag sein, jedenfalls sollte die Sonne nie von Wolken bedeckt werden, solange die Blüten mit dem Wasser in Kontakt sind.

Schrittfolge:
* Die Glasschale wird mit dem Wasser gefüllt und zu den Pflanzen getragen.
* Je nach Pflanzenart werden dann eine oder mehrere Blüten oder ein ganzer Blütenstand in das Wasser getaucht, indem der Sproß mit der Hand vorsichtig entsprechend gebogen wird. Auch hier darf das Wasser nicht mit der Hand berührt werden.
* Das Ganze wird dann eine gewisse Zeit (siehe Kommentar) der Sonne ausgesetzt, dann der Sproß herausgenommen und weiter geht es zur nächsten Blüte .
* Das wird so lange fortgesetzt, bis die Essenz „gesättigt" ist.
* Sie wird dann (mit Hilfe des Krugs) in die Flasche umgefüllt, mit der gleichen Menge Alkohol konserviert und mit dem Etikett versehen.

Die Eintauchmethode hat zwei große Vorteile: Zum einen müssen dafür keine Blüten gepflückt werden, sie eignet sich also auch für die Bereitung von Essenzen von (vollständig) geschützten Pflanzen; zum zweiten kann sie auch bei weniger idealen Wetterverhältnissen angewendet werden, wenn gelegentlich Wolken die Sonne verdecken. In solchen „Schattenzeiten" muß natürlich Pause gemacht werden; es kann trotzdem eine recht gute Essenz entstehen, wenn die Sonne die restliche Zeit spürbar Kraft hat.

Das Herausfordernde dieser Methode liegt in der Tatsache, daß keine festen Zeiten für die Dauer des einzelnen Tauchvorgangs angegeben werden können.

Feste Zeiten für die Dauer des Tauchvorganges können nicht angegeben werden.

Dies hängt stark von der Intensität der Einstimmung, von der Eigenart der Pflanze und von der Sonneneinstrahlung ab. Ebenso ist es mit der Frage, wann die Essenz „gesättigt" ist. All dies stützt sich auf die wache Wahrnehmung des beteiligten Menschen – die Erfahrung zeigt, daß sich mit einigem Probieren schnell eine Gewißheit darüber einstellt, wann es „genug" ist. *Es empfiehlt sich jedenfalls, dabei auf den Gebrauch einer Uhr zu verzichten*, um der inneren Wahrnehmung eine bessere Chance zu geben. Es ist ratsam, sich in jedem Fall den ganzen Vormittag Zeit dafür zu lassen, um jeden äußeren Zeitdruck auszuschließen.

Nur als Anhaltspunkt können hier Zeiten von 5 bis 30 Minuten für den einzelnen Tauchvorgang genannt werden. Um hochwachsende Blüten besser erreichen zu können, ist es zuweilen nützlich, eine Leiter mitzubringen.

Eine Abwandlung dieser Methode ergibt sich, wenn die Blüten auf sanfte Art, etwa mit Mullbinden, so zur

Herstellungsmethoden

Schale hin gebogen und fixiert (Holzpflock oder Stein) werden, daß sie mit dem Wasser in Kontakt geraten. Das kommt vor allem für üppige Blütenstände in Frage, die dann die ganze Schale ausfüllen, und wie bei der Sonnenmethode einige Stunden so stehenbleiben können. Es ist ratsam, *vorher* zu prüfen, ob und wie die betreffenden Pflanzen das Biegen verkraften. Auch der Schattenverlauf kann eine logistische Herausforderung sein.

Tropfmethode

Material:
* 2 Pipettenfläschchen à 30 ml <u>oder</u>
* 1 Pipettenfläschchen und 1 Glasschale
* 1 Krug oder Becherglas mit Ausgießer
* 1 neue, gut verschließbare Flasche (alles ausgekocht)
* Wasser * Alkohol * Etiketten

Prinzip:
* Auf die sonnenbeschienenen Blüten wird Wasser aufgetropft; die wieder aufgefangenen Tropfen bilden die Essenz.

Wetterbedingung:
* Es sollte ein wolkenloser Tag sein, jedenfalls sollte die Sonne nie von Wolken bedeckt werden.

Schrittfolge:
* Eine der Pipettenflaschen wird mit Wasser gefüllt und entsprechend beschriftet, die zweite bleibt vorerst leer und erhält das Etikett „Uressenz".
* Es werden nun mit der „Wasser"-Pipette auf die von der Sonne beschienenen Blüten einzelne Tropfen aufgebracht.
* Je nach Gestalt der Blüte können die Tropfen eine Zeitlang darauf liegen bleiben und werden dann mit der Pipette wieder aufgenommen und in die „Uressenz"-Flasche getropft.
* Oder sie rollen gleich ab und müssen mit der zweiten Flasche (bzw. einer Glasschale) aufgefangen werden.
* Wenn eine Blüte „abgeschöpft" ist, wird zur nächsten weitergegangen und das solange fortgesetzt, bis genug Essenz entstanden ist.
* Das präparierte Wasser wird dann mit der gleichen Menge Alkohol konserviert und mit einem Etikett versehen.

Bei kleinen Blüten kann das Sammeln eine Geduldsprobe sein.

Die Tropfmethode ("Bienenflugmethode") hat die auch schon bei der Eintauchmethode erwähnten Vorteile: Schonung der Pflanzen und relative Unabhängigkeit von gelegentlichen Wolken. Dazu kommt, daß mit ihr gut auch eine kleinere Menge von Essenz zubereitet werden kann, wie sie zum persönlichen Gebrauch meist ausreicht.

Wieder besteht die Herausforderung darin, selbst zu bestimmen, wann die einzelne Blüte „das Ihre" getan hat und zur nächsten Blüte weiterzugehen ist. Überraschend für viele, stellt sich aber schnell eine Wahrnehmung darüber ein, wie lange eine Blüte noch Kraft hat und Essenz abzugeben bereit ist. Übereinstimmend wird berichtet, daß dann für jeden einzelnen Tropfen ein Eindruck davon entsteht, wie gut gelungen er ist. Je nach Art und Umständen wird von jeder Blüte vielleicht nur ein Tropfen, vielleicht auch zehn oder mehr gewonnen werden können. Bei sehr kleinen Blüten, die dicht am Boden wachsen, kann zwar schon das Sammeln von wenigen Millilitern eine Geduldsprobe werden, insgesamt ist die Methode aber kurzweiliger, und ein Fläschchen schneller gefüllt, als es sich vielleicht anhört. Gerade Menschen, die sich mit der Versenkung leichter tun, wenn sie dabei in Bewegung sein können, lieben diese Methode, bei der sie wie die Biene von Blüte zu Blüte „fliegen". Es ist auch wirklich angebracht, so lange dabei zu bleiben (ruhig auch mit Pausen), daß ein Zustand der Versenkung entstehen kann. Dafür spricht auch, daß mit zunehmender Übung die „gut gelungenen" Tropfen immer häufiger werden und dies so der Qualität der Essenz sehr zugute kommt.

Weil manche Tropfen daneben fallen und auch manche Blüten ihren Tropfen „verschlucken" und nicht mehr hergeben (was ein Hinweis sein kann, daß sie „erschöpft" sind), ist es wichtig, mehr Wasser mitzubringen, als Essenz hergestellt werden soll.

Denjenigen, die Schwierigkeiten haben, sich vorzustellen, daß in einer solch kurzen Zeit des Kontakts zwischen Wasser und Blüte eine wirksame Essenz entstehen kann, ist vielleicht mit dem folgendem Gedanken zu helfen: Eine Pflanze gewinnt außerordentlich an Kraft, wenn sich ein Mensch mit ihr abgibt und sich respektvoll auf sie einstimmt. Nebenbei ist dies also ein Hinweis dafür, daß auch die Pflanzen gewinnen, wenn wir uns ihnen auf diese Weise nähern. Im Grunde ist das aber nichts Neues, gehen wir hier doch sowieso davon aus, daß eine solche Einstimmung zu den notwendigen Vorbereitungen einer Essenzenherstellung gehört – gleich mit welcher Methode.

Weitere Zubereitung und Dosierung

Uressenz

Alle vorher beschriebenen Methoden der Zubereitung ergeben Blüten-Uressenzen von vergleichbarer Qualität und Stärke; sie sind unbegrenzt haltbar.

Für die Einnahme werden die entstandenen Uressenzen weiter verdünnt: Der Grund für die Verdünnungsschritte ist Sparsamkeit und weniger, wie es vielleicht naheliegt, weil sie sonst „zu stark" wären.

Vorratsflasche

Die erste Verdünnungsstufe ist die Vorratsstärke, auch „Stock" genannt (*stock* = englisch für Vorrat). Dazu wird in ein ausgekochtes (Pipetten-) Fläschchen, das mit purem Weinbrand oder anderem Schnaps gefüllt ist, pro 10 ml Inhalt 1 Tropfen der Uressenz gegeben.

In der Form der Vorratsflasche werden die Blütenessenzen der professionellen Hersteller gehandelt. Auch sie ist unbegrenzt haltbar und dient entweder der Zubereitung der „Einnahmeflaschen" (s.u.) oder auch anderer Verwendung. Einige Tropfen aus der Vorratsflasche können z.B. in das Badewasser gegeben werden oder auf eine feuchte Kompresse, wenn die Essenz äußerlich angewendet werden soll, was gut möglich und auch wirksam ist. Bei sehr wechselhaften Zuständen, die die Zubereitung einer Einnahmeflasche nicht lohnen, können auch zwei Tropfen aus der Vorratsflasche in ein Glas Wasser getan werden, das dann im Laufe des Tages schluckweise getrunken wird.

Einnahmeflasche

Die zweite Stufe der Verdünnung ist die Einnahmestärke. Für ihre Zubereitung wird in ein ausgekochtes (Pipetten-) Fläschchen – normalerweise 30 ml – ein Gemisch von Alkohol und Wasser gefüllt. Um eine entsprechende Konservierung zu erreichen, sollte ¼ bis ½ der Mischung Alkohol (ca. 40%ig) sein, der Rest (möglichst gutes) Wasser.

In diese Mischung kommt aus der Vorratsflasche 1 Tropfen pro 10 ml Flascheninhalt (für die hier üblichen 30 ml-Fläschchen also 3 Tropfen).

Wer Alkohol meiden will oder muß, für den gibt es noch zwei andere Möglichkeiten, die Grundmischung für die Einnahmeflasche zuzubereiten:

* Essig mit Wasser im Verhältnis 1:1 (nicht jedermanns Geschmack! Gemeint ist etwa 5%iger Tafelessig – Wein- oder Obstessig).
* Glyzerin mit Wasser im Verhältnis 1:1 (sehr süß!, besonders bei Kindern beliebt; Glyzerin ist ein natürlicher Bestandteil aller Fette und in der entsprechend reinen arzneilichen Qualität (85%ig) in Apotheken und Drogerien erhältlich).

Alkoholfreiheit

Für absolute Alkoholfreiheit wird Essig auch für die vorherigen Verdünnungsstufen sinngemäß angewendet:
* Die Uressenz wird dann mit Essig im Verhältnis 1:1,
* die Vorratsflasche mit purem Essig zubereitet.

Besonders bei der Uressenz ist es empfehlenswert, etwas höherprozentigen Essig zu benutzen, wie z.B. Balsamessig, der oft 7%ig angeboten wird. Die übliche Essigessenz entstammt keiner Gärung, sondern wird auf chemischem Weg produziert, sie ist für unsere Zwecke weniger geeignet.

Dosierung bei der Einnahme

Aus der Einnahmeflasche werden jeweils vier Tropfen viermal am Tag eingenommen.

Es ist sinnlos, diese Einzeldosis zu erhöhen. Die vier Tropfen sind genug, und auch ein Schluck aus einer Vorratsflasche würde nicht mehr bringen, (aber auch keinerlei unerwünschte Wirkungen verursachen). Manchmal ist es aber durchaus angezeigt, die vier Tropfen häufiger zu nehmen als die üblichen vier Mal, bei einem akuten Bedürfnis kann das bis zur Einnahme der vier Tropfen alle zehn Minuten geschehen. Auch hier stellt sich bald eine Wahrnehmung davon ein, wie oft ein Bedürfnis besteht und wie es am besten zum persönlichen Tagesrhythmus paßt.

Teil 3

Bilder und Botschaften

In diesem Kapitel beschäftigt uns das, was bei der Naturbetrachtung in der Blütentherapie entsteht: facettenreiche Beschreibungen von Blütenpflanzen mit Blickrichtung auf die damit verbundenen Gefühle. Wer den im ersten Kapitel beschriebenen Weg schon gegangen ist, tut sich sicher jetzt leichter, derartige Bilder nachzuempfinden. Wer es noch nicht versucht hat, findet hier vielleicht die Ermutigung, es selbst einmal anzugehen.

Um das Kennzeichnende einer Pflanzenart herauszustellen, können ganz verschiedene Aspekte zur Sprache kommen: botanische Besonderheiten, Signaturendeutungen, Mythen und Märchen, die sich auf jene Pflanze beziehen, die Umstände der Herstellung einer Essenz und anderes mehr. Natürlich spielt auch die Person des betrachtenden Menschen eine Rolle, der ja die damit verbundenen Gefühle in sich erlebt. Besonders für den Prozeß, wie aus der Geschichte eines Menschen, der eine Blütenpflanze auf sich wirken läßt, die Beschreibung ihrer seelischen Qualität entsteht, finden sich im folgenden einige gute Beispiele.

Um hier ein buntes und vielseitiges Bild zeichnen zu können, sind neben eigenen Ergebnissen – die zum guten Teil den Teilnehmern unserer Kurse zu verdanken sind – auch veröffentlichte Blütenbeschreibungen anderer **Forscher** mit eingeflossen. Namentlich sind das :

Bailey Flower Essences (BFS)[25] aus England, Flower Essence Society (FES)[26,27], Alaskan Flower Essence Project (AFP)[28], Pacific Essences (PE)[29], Flower Essences of Fox Mountain (FM)[30] und Desert Alchemy (DA)[31] vom nordamerikanischen Kontinent, Aloha Flower Essences (ALO)[32] aus Hawaii, sowie aus Deutschland der Blüten–Arbeitskreis (BAK)[33], die Horus Blütenessenzen (HB)[34] und das Irisflora–Projekt (IF)[35]. Natürlich fließen auch die Angaben Dr. Bachs (BACH)[36] zu seinen Essenzen in die Betrachtung mit ein. Informationen aus diesen Quellen sind im Text mit der entsprechenden Abkürzung gekennzeichnet.

AFP
Alaskan Flower Essence Project,
ALO
Aloha Flower Essences,
BACH
Dr. Bach,
BAK
Blüten–Arbeitskreis,
BFS
Bailey Flower Essences,
DA
Desert Alchemy,
FES
Flower Essence Society,
FM
Flower Essences of Fox Mountain,
HB
Horus Blütenessenzen,
IF
Irisflora–Projekt,
PE
Pacific Essences

Wir lassen es dabei offen, auf welche Weise diese For-scher zu ihren Ergebnissen gelangt sind, soweit sich dies nicht aus den Geschichten selbst ergibt. Nähere Angaben können unter den im Literaturverzeichnis an-gegebenen Quellen eingeholt werden.

Die angesprochenen Blütenessenzen und Forschungs-projekte sind nur eine Auswahl, sie kam lediglich da-durch zustande, daß sie in den Zusammenhang dieses Kapitels paßten. Für eine Übersicht über bewährte Blü-tenessenzen der ganzen Welt in größerer Zahl sei die „Illustrierte Enzyklopädie der Blütenessenzen" von *Dirk Albrodt*[37] empfohlen.

Familien in der Pflanzenwelt

Wer sich näher mit der Pflanzenwelt beschäftigt, kommt früher oder später mit dem System in Berührung, mit dem die botanische Wissenschaft die schier unzähligen Erscheinungsformen zu ordnen ver-sucht. Allerdings ist das hier übliche Fachchinesisch eine Hürde für das Verständnis dieses faszinierenden Ge-biets. Trotzdem nehmen wir jetzt eine Anleihe bei die-sem System – die Gliederung der Pflanzenwelt nach Fa-milien – , weil sie eine Hilfe sein kann, sich in der Viel-zahl neuer Blütenessenzen zurechtzufinden.

Das botanische System geht von groben Merkmalen aus: Hat die Pflanze Blüten oder nicht, hat sie ein Keim-blatt oder zwei Keimblätter usw., und ordnet dann nach immer feineren Unterschieden[38]. Seit Linné wird dazu besonders der Bau der Blüten betrachtet, in neuerer Zeit auch chemische Inhaltsstoffe[39] oder einzelne gene-tische Merkmale (DNS-Sequenzen).

Das führt dann zu einer Art von „Stammbaum", in den die Pflanzen nach dem Grad ihrer Verwandtschaft ein-geteilt werden: Hauptgruppe, Abteilung, Unterabteilung, Klasse, Ordnung, Familie, Gattung und schließlich die einzelne Art. Die in der Botanik üblichen zweigliedrigen Namen (z.B. *Achillea millefolium*) bezeichnen im ersten Wort die *Gattung*, *Achillea* ist die Gattung der Schafgarben, und im zweiten Wort die genaue *Art*, hier *millefolium* (d.h. „die Tausendblättrige", wie die Gemeine Schafgarbe wegen ihrer feingefiederten Blätter genannt wird). Eine Art kann auch so definiert werden, daß sie die Pflanzen umfaßt, die regelmäßig miteinander (fruchtbare) Nachkommen hervorbringen. Wir gehen von der Einteilung nach Familien aus, weil sie meist Pflanzengruppen umfaßt, die auch Laien (jedenfalls mit etwas Übung) noch als ähnlich wahrnehmen. Ob uns das zum Verständnis der Pflanzen hilfreich ist, hängt ganz davon ab, ob wir eine lebendige Idee davon haben, was das Verbindende, den Familiencharakter ausmacht, und wie das im besonderen der einzelnen Art abgewandelt wird. Die rein äußerlichen Merkmale der Botanik sind da nur ein Hilfsmittel, die Idee selbst entsteht erst durch die Zusammenschau in uns, also durch eigenes Bemühen und Üben.

Bei manchen Familien ist es leicht, den Grundcharakter wahrzunehmen, ihre Arten ähneln einander und lassen die gemeinsame Eigenart gut erkennen; andere Familien sind so vielgestaltig, daß es ein rechtes Aha-Erlebnis ist, wenn eine Zusammenschau gelingt und das Grundthema wahrnehmbar wird. Ein Beispiel für ersteres sind die *Doldenblütler*, für letzteres die *Rosengewächse*. Die einzelnen Arten der Doldenblütler sind eine Herausforderung für die Unterscheidungsfähigkeit, weil sie einander oft so ähnlich sind, daß sie in ihrer Familienzugehörigkeit leichter zu erkennen sind als in ihrer individuelle Eigenart. Die einzelnen Arten der Familie der Rosengewächse prägen sich leicht ein, dafür braucht es einige Zeit, um ihnen ihre Familienzugehörigkeit anzusehen. Wer sich einen eigenen Begriff von der Idee der Pflanzenfamilien machen möchte, kann sich jetzt mal einige Vertreter der Doldenblütler (z.B. Wiesenkerbel, Gartenkerbel, Bärenklau, Wilde Möhre) oder einige Rosengewächse (z.B. Rose, Apfel, Gänsefingerkraut, Waldgeißbart) anschauen. Wer schließlich glaubt, sich einen Begriff von der Familie gemacht zu haben, kann danach versuchen, die Unterschiede und Gemeinsamkeiten einem Mitmenschen zu vermitteln. Damit läßt sich leicht prüfen, wie weit die Idee schon gediehen ist. (Übungen, um die Wahrnehmung solcher Gruppencharaktere zu stärken, finden sich im Anhang).

In unserem Zusammenhang ist das auch deswegen interessant, weil so mit den äußerlichen Verwandtschaften auch innere Beziehungen sichtbar werden. Es hat sich gezeigt, daß die verschiedenen Arten einer Familie in ihren Blütenessenzen auch ähnlichen seelischen Themen und ihren unterschiedlichen Abwandlungen entsprechen. Darum sind die folgenden Beschreibungen von Blütenessenzen auch nach den Familien geordnet. Es sei allerdings eingeräumt, daß noch lange nicht alles, was in der Literatur über die Eigenschaften von Blütenessenzen zu finden ist, schon so zu ordnen wäre – das Gebiet ist einfach zu neu. Noch werden selbst Blütenessenzen von ein und derselben Art zuweilen von verschiedenen Forschenden unterschiedlich beschrieben. Vorausgesetzt, sie haben sorgfältig gearbeitet, und bei den allermeisten kann das vorausgesetzt werden, ist das einfach ein Zeichen dafür, daß die Pflanze noch nicht in ihrer ganzen Eigenart erkannt wurde. Dann enthalten die einzelnen Beschreibungen eben nur Teilaspekte, die erst mit zunehmender Erfahrung *zusammengeschaut* werden können. Das gilt natürlich auch in Bezug auf die folgenden Familienbeschreibungen, auch sie werden sich mit zunehmender Erfahrung noch verändern, klarer und genauer faßbar sein. Bis wir einen vollständigen „Stammbaum der Gefühle" vorliegen haben, wie sie von den Blütenpflanzen ausgedrückt werden, kann es noch einige Zeit dauern.

Signaturen

Als es für die Heilkraft der Pflanzen noch keine „objektiven" chemischen Maßstäbe gab, aber auch die alten Wege direkter Wahrnehmung erschöpft waren, suchten die Heilkundigen über die Signaturenlehre die Wirkungsweise zu begründen. *„Den Narren erkennt man an den Schellen"*, formulierte es Paracelsus, einer der letzten Vertreter dieser zu seiner Zeit schon aussterbenden Kunst. Die Alten lasen in den äußeren Merkmalen, in Farben, Formen und Gerüchen, Geschmäcken und Proportionen, sie suchten Ähnlichkeiten mit menschlichen Organen. In die Deutung von Signaturen fließen aber auch noch viele andere Merkmale mit ein: Wo eine Pflanze bevorzugt wächst, ihre Verwandlungen im Jahreslauf und ihre Entwicklungsstadien, ihre Beziehung zur Tierwelt; auch Mythen und Märchen spielen eine Rolle, die alten Volksnamen der Pflanzen sind häufig ein Spiegel all dieser Dinge.

Die Signaturenlehre ist eine Denkweise in Analogien, wie sie sich auch in der *Physiognomie* zeigt, bei der die Wesenszüge eines Menschen aus seiner Körpererscheinung gedeutet werden. Wenn es auch nur noch wenige Menschen systematisch betreiben – das Lesen von menschlicher Mimik und Gesichtszügen ist ein Teil unseres täglichen Lebens: Wir lesen ganz selbstverständlich im Gesicht unseres Gegenübers und beurteilen ihn auch danach – jedenfalls teilweise und meist unbewußt. Darin mag ein Grund liegen, warum auf Wahlplakaten Politikergesichter zu sehen sind und nicht etwa Sachargumente. Die Beliebtheit von kosmetischen Operationen hat wohl auch damit zu tun, daß wir beeinflussen möchten, was andere in unseren Gesichtern lesen. Viele Kunstformen leben auch aus unserer intuitiven Fähigkeit, aus dem Sichtbaren das unsichtbare „Wesentliche" herauszulesen, Tanz und Schauspielkunst beziehen sich ebenso darauf wie die Malerei.

Das Verständnis der Pflanzensignaturen ist aber fast vollständig aus dem allgemeinen Bewußtsein verschwunden. Nur in alten Kräuterbüchern finden sich noch dünne Reste in der Art: *„Rotes (z.B. Rotwein) ist gut fürs Blut"* oder *„Gelbblühende Pflanzen haben eine Wirkung auf die Galle"*. Erstaunlicherweise steckt in diesen scheinbar naiven Aussagen immer noch ein wahrer Kern. So ist das Schöllkraut *(Chelidonium majus)*, das mit gelben Blüten, gelbem Milchsaft und bitterem Geschmack eine ausgesprochene „gallige" Signatur aufweist, wirklich eines unserer besten Leberheilkräuter (der Gallensaft wird in der Leber gebildet). Andere Beispiele sind die Hülsen der *nierenförmigen* Samen der Gartenbohne *(Phaseolus vulgaris)*, die tatsächlich einen Einfluß auf den *Harnfluß* (von Zuckerkranken) haben und der rotfleischige Wurzelstock der Tormentille (Blutwurz, *Potentilla erecta*), dessen Pulver stark *blutstillend* wirkt.

Eine brauchbare „Signaturenlehre" ist kein starres Schema zum Auswendiglernen. Darum ist auch Vorsicht angebracht, wenn das Lesen einer Pflanzengestalt zu Zweckaussagen führt – *weil* dieser Zweck erreicht werden soll, tut die Pflanze jenes. Die Brennessel brennt, aber doch nicht *weil* sie Fressfeinde abhalten will. So viele Arten von Tieren – 107 verschiedene![40] – fressen bevorzugt von ihren Blättern. Wenn es der Zweck der Brennhaare wäre, die Kostgänger abzuhalten, die Brennessel wäre eine gescheiterte Existenz! Es ist zunächst einfach ein Ausdruck ihres Wesens und ihrer Einmaligkeit. Wenn ein Mitmensch ein ausgeprägtes Kinn hat, sagen wir manchmal: Dieser hat ein „energisches Kinn". Wir legen diesem Merkmal seines Gesichts also einen Sinn bei, sehen darin einen Ausdruck seines Wesens. Hier aber käme niemand auf den Gedanken, zu behaupten, er hätte sich einen ausgeprägten Unterkiefer wachsen lassen, *weil* er energisch sein möchte. Die Biologiebücher wimmeln aber von solchen Unterstellungen, da die „Naturwissenschaft" in solchen Ursache-Wirkungs-Ketten denkt. Signaturen sind aber eher *Gleichzeitigkeiten* – die Dinge treten zusammen auf und sind durch einen Sinnzusammenhang miteinander verbunden. Das Schöllkraut ist also gelbblühend (usw.) *und* ein Leberkraut und nicht gelbblühend *damit* oder *weil* es ein Leberkraut ist.

Da wir Menschen ein Organ für die Wahrnehmung von Sinnzusammenhängen haben, können wir eine bestimmte vorkommende Kombination als sinnvoll erkennen, ohne sagen zu müssen, das eine sei die Ursache oder Folge des anderen. Besser gesagt, wir könnten uns darin üben, denn unsere Kultur und damit unser Verständnis von Natur ist von der „wissenschaftlichen" Denkweise geprägt. Mit der Übung entwickeln wir vielleicht die Fähigkeiten der *Synthese* und der *Gestaltwahrnehmung*, die uns ein Verständnis von Signaturen ermöglicht.

Es gibt eine Anzahl von Schulen der Signaturdeutung. Sie unterscheiden sich in ihrer Ausdrucksweise und Zielrichtung, sind aber in vielfältiger Weise miteinander verzahnt und verbunden; gemeinsam ist ihnen jedenfalls die Einsicht, daß die Erscheinung der Pflanze etwas über ihr Wesen aussagt.

Da ist die Signaturenlehre der Alchemie[41] und der „Alten Medizin", wie sie bei *Paracelsus*[42] eine letzte und eigenständige Ausformung erlebte. Sie hat wiederum Einflüsse der Naturerkenntnis der Druiden, der alten Griechen und der ägyptischen und islamischen Kultur aufgenommen. Manche Signaturenkundige legen das Hauptgewicht auf eine vom astrologischen Weltbild bestimmte Deutung.[43,44] In Emil Schlegels *Religion der Arznei*[45] findet sich der Ansatz, auch das homöopathische Wirkungsbild von Pflanzen als Signatur zu lesen. Auf die naturwissenschaftlichen Arbeiten Goethes[46] beziehen sich die Pflanzenbetrachtungen anthroposophischer Autoren[47,48,49,50]; bei ihnen findet sich die für die heutige Zeit wohl fruchtbarste Anschauungsweise. Aber auch in den Lehren anderer außereuropäischer Medizinsysteme wie dem klassischen chinesischen oder dem indischen Ayur-Veda finden sich Signaturdeutungen.

Vieles aus den vorgenannten Systemen ist auch für die Blütentherapie brauchbar und daher in die folgenden Signaturstudien eingeflossen. Trotzdem wird hier darauf verzichtet, sie detailliert auszubreiten. Zum einen gibt es genug Literatur darüber, zum anderen beziehen sie sich alle auf ein bestimmtes Welt- und Menschenbild, und insbesondere einen Krankheitsbegriff, der sich von dem der Blütentherapie unterscheidet. Wer seinen Horizont auf diesem Gebiet erweitern möchte, sei ausdrücklich dazu ermutigt. Tatsächlich erleuchten und befruchten sich die unterschiedlichen Ansätze gegenseitig und helfen, sich der eigenen Sichtweise bewußter zu werden. Ich sehe also davon ab, hier ein neues System der Signaturenlehre für die Blütentherapie aufzustellen. Ich bitte statt dessen, es den gegebenen Beispielen zu entnehmen, wie die Anwendung von Signaturen für unseren Zweck ausschauen könnte. Daß da gelegentlich völlig Einleuchtendes neben etwas Unbeholfenem steht, ist dem Autor durchaus bewußt. Es ist eben Neuland, baut zwar auf Altem auf, muß aber den Bezug zum Seelischen herausfinden, der im Mittelpunkt der Blütentherapie steht, während sonst die körperlichen Zustände die Hauptrolle spielen.

Es wäre andererseits an dieser Stelle durchaus sinnvoll, die Ergebnisse anderer zunächst beiseite zu lassen und vorher selbst eigene Erfahrungen zu machen. Vorschläge dazu finden sich im praktischen Teil des Buches. Wer nach der dort beschrieben Methode vorgeht, kann erleben, daß sich manche Signatureinsichten ungesucht geradezu aufdrängen, wenn der Kontakt zum Pflanzenwesen einmal hergestellt ist, und dann völlig klar, einleuchtend und selbstredend verständlich sind. Es wird dann auch einsichtig, daß es im Grund sehr einfach ist: Wir lernen Signaturen wahrzunehmen, indem wir liebevoll schauen, respektvoll, akzeptierend und mit klarem Bewußtsein. Daraus ergibt sich dann das intuitive Verständnis auf eine oft überraschend leichtfüßige Weise. (Wer einmal eine gelungene Signaturstudie fern aller theoretischen Systeme genießen möchte, sollte das Kapitel über den Salbei in Jürgen Dahls empfehlenswerten Buch „Der unbegreifliche Garten und seine Verwüstung"[51] lesen, das wirklich ein leuchtendes Beispiel liebevollen und genauen Schauens ist).

Nehmen wir als ein erstes Beispiel die Zitterpappel, eine der von Edward Bach erforschten Pflanzen.

Aspen, Zitterpappel, Espe (Populus tremula)

D ie Blütenessenz der Zitterpappel gilt als Mittel für die ungreifbaren, vagen Ängste; der Mensch hat zwar Angst, es könnte etwas Schreckliches passieren, kann aber nicht benennen, wovor.

Im Deutschen gibt es den Ausdruck *Zittern wie Espenlaub*. Tatsächlich zittern die Blätter dieser Pappelart beim leisesten Windhauch, während andere Bäume ganz unbewegt bleiben. Das ist das ganz Auffallende an diesem Baum und damit das Kennzeichnende seiner Signatur, es *ist* seine Signatur. Der erwähnte Ausdruck erscheint uns eigentlich nur da wirklich passend, wo bei dem Menschen, der da zittert eine gewisse ängstliche Stimmung besteht. Bei jemandem, der vor Kälte zittert, wirkt er unpassend. Wir sehen also einen Unterschied, ob jemand aus Angst oder vor Kälte zittert, wenn wir uns auch schwer täten, zu sagen, woran wir das sehen.

Versuchen wir, dem näherzukommen. Naturwissenschaftliche Untersuchungen, die sich damit beschäftigt haben, warum die Espe ihre Blätter so bewegt, sind zu einem erstaunlichen Ergebnis gekommen: Ein Blatt im

Äußeren der Baumkrone wirft normalerweise einen Schatten auf diejenigen Blätter, die im Inneren der Baumkrone wachsen. Das sich in federnden Gelenken drehende Espenblatt aber gibt für kurze Zeit dem Licht den Weg in die Baumkrone frei und so werden auch die inneren Blätter immer wieder vom direkten Sonnenlicht erreicht. Das ist verbunden mit der Fähigkeit, die erhaltene Sonnenenergie verhältnismäßig lange (verglichen mit Blättern anderer Pflanzen) zu speichern. Damit kann die Zeit überbrückt werden, die es im Schatten ist bzw. seine Blattfläche selbst vom Licht wegdreht. So gesehen ist das Zittern der Pappel ein Mechanismus, der die Energieausbeute erhöht.

Männliche Blüte der Zitterpappel

Über das Mechanische hinaus betrachtend können wir sagen: Die Espe läßt sich von Kräften ihrer Umgebung – wie dem Wind – berühren und setzt das in eine Bewegung der Blätter um. Die Espe liebt auch das Licht, und sucht sich Standplätze, die der Sonne und den Luftbewegungen zugänglich sind und wo der Boden Feuchtigkeit gibt. Sie kann das Licht sehr gut ausnutzen. Ihre Samen sind klein, leicht und mit fedrigen Flughaaren versehen, sie werden vom Wind verbreitet. Die Zitterpappel ist ein vergleichsweise zierlicher Baum – nie erreicht sie die Wucht der doch nah verwandten Kanadischen Pappel.

Doch wie zäh und lebenskräftig dieser Baum im Grunde ist, zeigen auch die geradezu verzweifelten Anstrengungen zu ihrer Bekämpfung in manchen Gegenden Nordeuropas. Damit bei der Wiederaufforstung von Kahlschlägen die erwünschten Nadelbäume nicht von den unerwünschten Espen überwachsen werden, (was sonst regelmäßig geschieht), schießen Waldarbeiter

Signaturen   89

Bolzen mit Gift in die Pappelstämme. Das Gift verteilt sich dann über den Saftstrom und tötet den Baum von der Wurzel her. Das brutale Verfahren ist deshalb aufgekommen, weil eine Zitterpappel, die nur abgeschnitten wird, sich immer wieder durch Wurzelschößlinge erneuert. (Eines der größten Lebewesen der Erde ist angeblich ein hektargroßer Espenhain in den USA, der aus den Wurzelschößlingen einer einzigen Espe gewachsen, im Grunde also ein einziger Baum mit gemeinsamen Wurzelgeflecht ist).

Wenn wir nun die verschiedenen Aspekte des Espen-Bildes auf uns wirken lassen, ohne sie durch ein Weil/Darum zu verbinden, entsteht ein Gesamt-Eindruck dieser Pflanze, der auch ein bestimmtes Gefühl wachruft: Hingabe, Verletzlichkeit, Empfindsamkeit. So berührbar zu sein kann in uns Angst auslösen, obwohl gar keine konkrete Bedrohung zu erkennen ist. Auf der anderen Seite ist es gerade diese Hingegebenheit an die Kräfte der Umgebung, die eine Espe unterstützt und nährt. Bei tieferer Betrachtung verfliegt dann auch alle Bangigkeit: Ganz klar ist die Espe den Widrigkeiten des Lebens gewachsen, immer findet sie ihren Platz, immer wirkt sie jung und kraftvoll.

Damit haben wir einiges von der bekannten Thematik der Aspen–Blütenessenz bei der Pflanze wiedergefunden: den unbenennbaren Zustand der Bedrohung, den Bezug zum Licht (Aspen ist bewährt bei nächtlichen Angstzuständen, wenn z.B. Kinder nur noch bei Licht schlafen wollen, und bei Alpträumen), aber auch die andere Seite, die sich von der Umwelt unterstützt und ihres Lebens sicher fühlt.

(Was nun den Unterschied zwischen „ängstlichem" und „verfrorenem" Zittern angeht, so wird Zittern wohl dann eher als ängstlich wahrgenommen, wenn es uns von außen erregt erscheint; als verfroren, wenn es als eine selbständige Tätigkeit gesehen wird – Muskelbewegung, um Wärme zu erzeugen).

Signaturen

Bilder und Botschaften in Blütenessenzen

Primelgewächse (Primulaceae)

Das „typische" Primelgewächs entspricht recht genau der bekannten Schlüsselblume: Aus einer grundständigen Blattrosette erscheinen im Frühjahr die leuchtendfarbenen Blüten. Der Vorliebe für das frische Frühlingswetter (Primula – die Erste) entspricht auch ein Standort in feuchtem Boden und daß die Pflanze sich im heißen Sommer in den ausdauernden Wurzelstock zurückzieht.

Die Primelgewächse sind eine besonders interessante Blütenessenzenfamilie, weil sie bei aller Besonderheit ihrer Vertreter auch die Gemeinsamkeiten leicht zu erkennen gibt. Mit der Wasserfeder gehört zu ihr auch eine von Edward Bach beschriebene Pflanze.

Das Alpenveilchen (Cyclamen purpurascens)

I

Das wilde Alpenveilchen gleicht dem bekannten gezüchteten (Topf-) Alpenveilchen, ist aber viel zierlicher als dieses. Es wächst bevorzugt im Unterholz steiniger Laubwälder in mittleren Berglagen bis über tausend Meter über Meereshöhe.

Die Blätter der Pflanze sind herz/nierenförmig, dunkelgrün mit einer silbrigen Fleckenzeichnung, ihre Unterseite ist rötlich gefärbt. Das Alpenveilchen blüht von Juni bis September. Die Gestalt der violetten Blüten macht die Blume unverwechselbar: Das Zentrum der Blüte ist zum Boden ausgerichtet, die fünf Blütenblätter sind zurückgeklappt und weisen nach oben; jedes Blüten-

Die römischen Zahlen verweisen auf die Seite im Farbteil, auf der die Blüte abgebildet ist.

blatt ist in sich noch schraubig gedreht. Nach der Bestäubung, während die Samen reifen, wächst der Blütenstiel noch einmal in die Länge, kringelt sich dabei einige Male zu einer spiralig - kreisenden Gestalt, und birgt dabei sein Ende mit dem Fruchtbehältnis am Boden. Eine ebenfalls kreisrunde Form zeigt die knollige Grundachse („Schweinebrot"). Auf diese Kreissignaturen bezieht sich auch der botanische Namen (Cyclamen – von Cyclus = Kreis). Der Kreis gilt seit jeher als Symbol des In-sich-abgeschlossenen-Seins. Eine recht ähnlich klingende Aussage, obwohl sie aus einem ganz anderen Zusammenhang kommt, macht auch der Botaniker Hegi über die Alpenveilchen: *„Die Art ist alten (...) Urspungs und steht sehr isoliert da"* [52].

Der Seelenzustand, bei dem die Blütenessenz des Alpenveilchens hilfreich sein kann, ist das Gefühl von Verlassensein und Einsamkeit. Es ist ein ganz besonderer Zustand der Einsamkeit gemeint: Im Leben vieler Menschen ist es ein überaus schmerzhafter Einschnitt, wenn ihnen bewußt wird, daß ein Mensch zu sein auch bedeutet, allein zu sein.

Eine erste Ahnung davon tritt häufig im Alter von 9 oder 10 Jahren auf, wenn sich das Kind der eigenen Individualität mehr und mehr bewußt wird: Es ist da etwas am mir, das sich nicht durch meine Familie, durch Vater und Mutter erklären läßt. Viele Kinder phantasieren in dieser Zeit, adoptiert oder verwechselt worden zu sein, um sich diese „Befremdung" zu erklären.

Es gibt sehr vieles, was uns Menschen verbindet und uns gemeinsam ist: Mit der Familie verbindet uns gemeinsames Erbe auf biologischer, kultureller und persönlicher Ebene; mit Lebenspartnern teilen wir tägliches Leben, Sexualität und die Erziehung der Kinder; mit unserer Volksgruppe sind wir durch Sprache und Kultur verbunden, allen Menschen sind wir gleich in unseren Menschenrechten, daß wir Nahrung, Wohnung und Bildung brauchen und spirituelle Erfüllung anstreben. Und doch tut sich da immer wieder eine Kluft auf, ist da etwas, das auch der Mensch nicht versteht, der uns am meisten liebt, und das sich der Mitteilung entzieht. Es ist einmalig, mit niemandem gemeinsam; damit in Kontakt zu kommen heißt, eine Einsamkeit zu empfinden, wie sie vorher vielleicht unvorstellbar war.

Wir könnten es als den „Geburtsschmerz der Individualität" ansprechen, den wir spüren, wenn unser persönliches Wachstum die Grenzen sprengt, die das „Normale" umgeben. Draußen gibt es keine vorgegebenen Begründungen mehr: Was immer ICH tue, Sinn und Notwendigkeit dafür muß ich aus mir selbst nehmen, kein von anderen übernommener Maßstab nimmt mir das ab. Dem Gewinn an persönlicher Freiheit entspricht die vermehrte Selbstverantwortung und in bestimmten Situationen das Gefühl, mit etwas ganz Wesentlichem allein dazustehen. Es kann sein, daß an dieser Stelle der Versuch gemacht wird, der Einsamkeit durch eine Art trotzigem Stolz zu entkommen: „Ich brauche euch nicht, ich kann alles ganz allein!" Eine andere Vermeidung besteht darin, sich noch mehr als vorher anzupassen, sich in die Arme (und Normen) der Familie und symbiotischer Partnerschaften zu flüchten, den Dogmen der Religionsgemeinschaft mit noch größerem Eifer nachzustreben oder das eigene Volkstum über die Maßen zu verherrlichen.

Tatsächlich werden bei Menschen, die Alpenveilchen brauchen, häufig eher solche Verhaltensweisen ins Auge springen, bevor dahinter die Einsamkeit spürbar wird.

Die Alpenveilchen-Essenz kann uns helfen, diese Zeiten der Einsamkeit zu ertragen, und Trost aus dem Bewußtsein zu schöpfen, daß alle Menschen dem ausgesetzt sind. Es entsteht ein neues „Wir-Gefühl", das mehr auf freiwilliger Gemeinsamkeit beruht als auf vorgegebenen Bindungen. Ein Mensch kann sich dann mehr und mehr als das einmalige, individuelle Wesen begrei-

Primelgewächse   *93*

fen, das er ist, und auch Freude daran finden, diese Freiheit auszukosten. Er wird sich bewußt, daß er manches alleine tragen muß und kann, und daß dies zum Abenteuer des Menschseins gehört, das wir alle teilen.

Blütenessenzen aus der Primelfamilie

Alpenveilchen *Cyclamen purpurascens* **I**   BAK
  Individualität; Angst, einsam zu sein, wenn die persönliche Eigenart ausgelebt wird; in sich ruhende Selbständigkeit.

Gilbweiderich *Lysimachia vulgaris* **I**   BAK
  Konflikt zwischen dem Wunsch nach eigener Lebensgestaltung und den (vermeintlichen) Erwartungen der Mitmenschen; Abwertung/Vermeidung sozialer Kontakte; Verbundenheit, Mitgefühl, Geben und Empfangen, Austausch wertschätzen.

Scarlet Pimpernell, Gauchheil *Anagallis arvensis*   BFE
  Gefühlsmäßige Erpressbarkeit, verbunden mit psychischer Abhängigkeit bzw. die Befreiung daraus.
  Hilft bei der Schwierigkeit, sich der Welt zu öffnen und dem Gefühl,   FM
festzustecken und von anderen kontrolliert zu werden.

Schlüsselblume *Primula veris* **II**   BAK
  Zu sich selbst stehen, sich dem eigenen Wesen öffnen; das eigene Leben leben; sich aufrichten; sich selbst fremd sein.

Shooting Star, Götterblume *Dodecatheon hendersonii*   FES
  Gegen profunde Seelenentfremdung, sich auf der Erde nicht heimisch fühlen; für jene, die sich nicht als Teil der menschlichen Rasse fühlen; um Vertrauen fassen zu können, Freunde und Heimat zu finden.

Water Violett, Wasserfeder *Hottonia palustris* **III**   BACH
  Übertriebenes Bedürfnis nach Distanz: Stolz, Geringschätzung anderer, Nähe zulassen können, Innere Ruhe, Selbständigkeit.

Botanisch gesehen ist es auffallend, daß nur eine dieser Blumen, eben die Schlüsselblume, dem Familientypus nahe steht, alle anderen sehr eigenartige Abwandlungen darstellen. Die Ähnlichkeit der seelischen Entsprechungen aber springt ins Auge: Es ist das Thema der

Spannung zwischen *Distanz* und *Nähe*, Individualität und Gemeinschaft.

Die **Wasserfeder** ist wirklich eine ausgesprochene Wasserpflanze, deren feingefiederte Blätter untergetaucht leben und von der nur der Blütenstand über Wasser sichtbar ist. Sie ist von Wasser umgeben und damit schlecht erreichbar, die Sprosse sehr leicht zerbrechlich, sie ist auch nur in stilleren Gewässern zu finden. All das können wir ganz naiv als Hinweis für ihre seelische Entsprechung – *Angst vor Nähe und Verletzung* – werten.

Götterblume und **Alpenveilchen** fallen durch ihren ungewöhnlichen Blütenbau auf. Die Blütenblätter sind nach hinten umgeschlagen, während das Zentrum der Blüte sich nach unten wendet – eine Geste, die etwas Abweisendes hat. Bei der Götterblume sind die Blütenzipfel lang nach hinten ausgezogen, was der Blüte das Aussehen eines Kometen mit nachgezogenem Schweif gibt – daher rührt der englische Name „Shooting Star". Er gibt einen Hinweis auf das befremdende Gefühl, *„gerade vom Himmel gefallen zu sein"*, für das sich diese Blütenessenz bewährt hat. Das in der Blütenform ähnliche Alpenveilchen spricht die ähnliche Schwierigkeit an, als Einzelmensch zu leben.

Der sommerblühende **Gilbweiderich** ist das größte der hier besprochenen Primelgewächse und das reichblühenste. Er wird über einen Meter hoch und seine gelben Blüten stehen in dichten Trauben etagenweise in den Blattachseln. Es mag einleuchten, daß bei der Vielzahl der Blüten (immer im Vergleich innerhalb der Familie) seine seelische Wirkung einen mehr sozialen Schwerpunkt hat: *Erwartungen* der anderen bzw. *Mitgefühl* und *Austausch*.

Die beiden angeführten Beschreibungen des **Gauchheils** betreffen Zustände der *„Besetzung"*, wo ein Mensch so sehr die Distanz zum Mitmenschen eingebüßt hat, daß er sich kontrolliert bzw. erpressbar und abhängig fühlt.

Feld-
Gauchheil

Die **Mehlprimel** *(Primula farinosa)*, eine andere einheimische Primelart mit rötlich-violetten Blüten, ist noch nicht ausführlich als Blütenessenz erforscht. Sie bestätigt aber das Familienthema durch ihre Eigenschaft, bei vielen Menschen nach Berührung ihrer (unterseits mehligweißen) Blätter einen heftigen Ausschlag hervorzurufen. So dürfen wir bei ihr vermuten, daß sich das Thema „Nähe und Distanz" mit einer etwas aggressiven Färbung abgewandelt wiederfindet.

Geißblattgewächse
(Caprifoliaceae)

Die Geißblattgewächse sind eine Familie von Sträuchern, kleinen Bäumen und holzigen Kletterpflanzen, die überwiegend in den gemäßigten Breiten zu Hause sind. Ein gemeinsamer Zug der Familie ist die Neigung zum starken Blühen, weshalb viele Arten als Zierpflanzen in die Gärten geholt wurden. Dies gilt besonders für verschiedene Schneeball-Geißblatt- und Weigelien-Arten. Wie häufig bei Familien mit starkem Blüh-Impuls ist das mit einem gewissen Hang zur Giftigkeit verbunden. Darum sind die beerenartigen Früchte zwar meist schön anzuschauen, von roter, blauer oder schwarzer Farbe, bei den Schneebeeren, die wegen ihrer Früchte zu Zierpflanzen geworden sind, weiß oder rosa; ihr Genuß ruft aber wegen der darin enthaltenen Blausäureverbindungen Erbrechen, Koliken und Durchfall hervor. Auch die Beeren des Schwarzen Holunders, an sich ein gesundes Wildobst, haben auf die meisten Menschen eine solche Wirkung und werden deshalb vor dem Verzehr gekocht, um den unverträglichen Anteil abzubauen.

Auch intensive Düfte sind mit dem Blühen der Geißblattgewächse verbunden, oft süß und schwer; bei besagtem Holunder durchtränkt der sehr kennzeichnende Geruch im Frühsommer ganze Landstriche.

Eine Eigenart der Geißblatt-Familie ist schon eine Signatur für das Thema ihrer Blütenessenzen: viele Arten scheinen etwas aus dem Takt der Zeit gefallen zu sein. So gibt es eine Schneeballart *(Viburnum fragans)*, die mitten im Winter blüht und dabei noch einen wunderbaren Duft verströmt. Andere Arten erwecken nur den Eindruck, als würden sie gleich zu treiben beginnen. Manche Heckenkirschen zeigen schon im Herbst die Spitzen der nächstjährigen Blätter, als wollten sie den Winter ignorieren und weiterwachsen.

Diese zarten Triebspitzen überstehen dann auch unbeschadet den ganzen Winter. Von Schneeball und Heckenkirsche gibt es auch immergrüne Arten, bei denen es immer wieder ganz eigenartig berührt, Schnee auf ihrem grünen Laub liegen zu sehen – es hat etwas deutlich *Unzeitgemäßes*. Ebenso beim im folgenden besprochenen Wolligen Schneeball, der sogar seinen Blütenstand in halb ausgepacktem Zustand durch den Winter bringt. Hier offenbart sich etwas von der Fähigkeit, mit der Tatsache zurechtzukommen, *aus dem Rhythmus gefallen zu sein*, was die menschlichen Fähigkeiten berührt, sich zusammenzunehmen, mit allen Fähigkeiten präsent zu sein, mitzubekommen, *was die Stunde geschlagen hat*. Tatsächlich geht es bei den folgenden Blütenessenzen aus dieser Familie um solche Qualitäten.

Blütenknospe des Wolligen Schneebals im Winterzustand

II Der Wollige Schneeball (Viburnum lantana)

Der Wollige Schneeball ist ein Busch von bis zu drei Metern Höhe und wächst gern in kalkreichem Boden. Seine Blätter sind elliptisch, feingezähnt und unterseits runzlig und graufilzig. Auch die jungen Zweige zeigen diesen filzigen Belag, der diesem Busch den Beinamen *Wolliger* Schneeball eingetragen hat. Die schirmförmigen Blütendolden stehen am Ende der Zweige, die kleinen weißen Blüten öffnen sich im Mai. Zum Namen Schneeball kam es, was ungewöhnlich ist, durch die Rückübertragung von einer Kulturart des verwandten Gemeinen Schneeballs *(Viburnum opulus)*. Dieser hat ahornähnliche dreilappige Blätter und große halbkugelförmige Blütenstände mit kleinen Innenblüten, während die randständigen Blüten zu unfruchtbaren „Schmuckblüten" umgewandelt und sehr viel größer sind. Bei der Kulturform dieser Art sind alle Blüten des Blütenstands in solche Schmuckblüten verwandelt, der Blütenstand wird dadurch sehr prächtig und fast kugelförmig, was den Namen Schneeball nahegelegt hat.

Zum Wolligen Schneeball hier ein Bericht, der zeigt, wie die Anwendung des in diesem Buch beschriebenen *Sprechens mit Blumen* im Alltag ausschauen kann:

„In der Zeit vor der Geburt meiner/unserer ersten Tochter litt ich (P.E.) unter starken Zahnschmerzen, die mir einige Nächte den Schlaf raubten. Der Zahnarzt befand meine Zähne in Ordnung und nannte als Ursache eine ausgeprägte Muskelverspannung im Kieferbereich. Er erkundigte sich nach beruflichem Streß und legte damit (ganz dezent) eine seelische Ursache für die Spannung und den daraus entstandenen Schmerz nahe. Beruflich lief es bei mir damals zwar in ruhigen Bahnen, doch wurde mir durch das Gespräch klar, wie angespannt und verkrampft ich mich tatsächlich fühlte.

Damit war mein Versuch gescheitert, das Problem

beim Doktor abzugeben, und so beschloß ich (durch den Schmerz stark motiviert), dem selber auf den Grund zu gehen und dazu eine Blütenessenz zu bereiten. Eigentlich dachte ich dabei schon an eine bestimmte Blüte, den Löwenzahn *(Taraxacum officinale)*, der auch gerade blühte und von dem ich schon wußte, daß er bei Muskelverspannungen eingesetzt wird.

Auf dem Weg zu einer schönen Waldwiese sah ich mich aber bald von einem blühenden Busch des Wolligen Schneeballs angesprochen, einem Gewächs aus der Verwandtschaft des Holunders und der geißblättrigen Heckenkirsche. Wie beim Holunder stehen die weißen Blüten in Trugdolden am Ende der Zweige. Die Blätter sind rundlich-elliptisch und unterseits ledernrunzlich und graufilzig. Auch die jungen Zweige sind graufilzig („wollig").

Es war sehr überzeugend. Kaum saß ich bei dem Busch, entspannte sich mein Kiefer und der Schmerz versiegte. Während ich die Pflanze zeichnete, schoß mir immer wieder der Begriff „Vollendung" durch den Kopf. Doch was vollenden? Es schien mir, dem von so gewöhnlichem Weh Geplagten, ein gar zu „abgehobenes" Thema zu sein, vollendet fühlte ich mich am allerwenigsten. In der Schönheit des Schneeballs konnte ich die Vollendung klar erkennen, aber was hatte das mit mir zu tun?

Die Einsicht entstand, als ich länger an dem Ort saß und mehr mich selber und mein Lebensgefühl in dieser Zeit spürte. Was hatte mich in der letzten Zeit am meisten beschäftigt? Was lauerte auch jetzt im Hintergrund, stellte die Art und Weise in Frage, in der ich mein Leben lebte, und brachte mich zum Verkrampfen? Es fiel mir wie Schuppen von den Augen, was mir bei der Frage des Zahnarztes gar nicht in den Sinn gekommen war, obwohl es mich schon Monate außerordentlich beschäftigte: Ein Kind war unterwegs, das mich zum Vater haben wollte, und ich fühlte mich im Grunde nicht bereit, diese Aufgabe zu übernehmen. Ich war selbst wie ein kleines Kind, dem auf der Rutschbahn, die es erklettert hat, plötzlich einfällt, daß es doch eigentlich lieber im Sicheren bleiben möchte und sich krampfhaft gegen die Bewegung stemmt. Ich war verkrampft, weil ich langsamer schwimmen wollte als der Strom meines Lebens.

Jetzt, mit dem Wolligen Schneeball, fühlte ich mich wieder fähiger, mich diesem Fluß anzuvertrauen. Es lag sogar ein Wohlgefühl darin, sich davon tragen zu lassen. Wenn ich meine Fähigkeiten zusammennähme, könnte ich meine neuen Aufgaben als Vater wohl erfüllen. Vollendung hieße dann, mit meinem ganzen Potential „auf der Höhe der Zeit" zu sein, also die Bereitschaft zu entwickeln, alles einzusetzen, was ich konnte. Nicht mehr einzeln, sparsam und dosiert waren meine Fähigkeiten gefragt, sondern meine volle Gegenwart.

Die Einnahme der dann hergestellten Essenz war ein voller Erfolg. Die Schmerzen schwanden innerhalb der nächsten Tage, die Nachtruhe war wieder hergestellt. Ich war in der kommenden Zeit zuversichtlich und fühlte mich meinen Aufgaben gewachsen. Einige leichte Rückschläge in den nächsten Monaten waren nur von kurzer Dauer. Dazu hat, neben der Schneeballessenz, aber auch meine neugeborene Tochter viel beigetragen."

III Die Geißblättrige Heckenkirsche
(Lonicera caprifolium)

Für diejenigen, die oft an die Vergangenheit zurückdenken, weil diese glücklich war oder Erinnerungen an einen Freund enthält oder einem Wunschtraum nachtrauern. Es fällt ihnen schwer, an ein erneutes Glück zu glauben..."[34]

Diese Geißblattart ist eine Kletterpflanze. Sie windet

sich (rechtsdrehend) um andere Sträucher und Bäume. Ihre gegenständigen Blätter sind rund und blaugrün, das oberste Blattpaar vor den Blüten ist zu einem Blattteller verwachsen, in dem in der Mitte der quirlige Blütenstand und später die roten Beeren („Heckenkirschen") stehen.

Die Blüten sind schlank und tief trichterförmig, von den fünf Blütenzipfeln sind vier zusammengewachsen und stehen nach oben, das untenstehende fünfte rollt sich nach hinten. Ihre Farbe ist als Knospe rosa überlaufen, hellt sich bei der geöffneten Blüte zu einem nur leicht rötlichen Weiß auf und wird beim Verblühen cremegelb. Die tiefen Blütenkelche eignen sich gut für die langen Rüssel der Nachtschwärmer – Schmetterlinge, die von dem besonders abends und nachts auftretenden, überaus süßen und starken Duft angelockt werden, den reichen Nektar (engl. *Honeysuckle*, d.h. „Honigsaug") trinken und die Blüten bestäuben. Für Bienen und manche andere Insekten ist der Blütenschlund zu tief, sie bedienen sich oft trotzdem, indem sie die Kelche am Grund anbeißen.

Unter dem alten Namen „Jelängerjelieber" ist diese Kletterpflanze auch viel in Gärten gepflanzt worden, um Spaliere und Gartenlauben zu umranken und zu schmücken. Abends im Mai im nostalgischen Duft seiner Blüten zu sitzen ... es kommt einem die Zeitschrift *Die Gartenlaube* in den Sinn. Sie gilt (vielleicht zu Unrecht) als Symbol für die „biedermeierliche" Lebenshaltung, in der die Abwendung von der aus den Fugen geratenden Gegenwart mit dem Versuch einhergeht, die Ordnung der *guten alten Zeit* wiederherzustellen, und

Geißblättrige Heckenkirsche

Geißblattgewächse   **101**

Geißblatt-Blüte:

f = *Fruchtknoten*
k = *Kelch*
r = *Röhre*
cc= *die fünf*
Zipfel der
Krone
st = *Staubblätter*
g = *Griffel*
n = *Narbe*

sei es nur in der Zurückgezogenheit des privaten Kreises. Das trifft schon einiges aus Edward Bachs Beschreibung der seelischen Entsprechung des Geißblatts.

Tiefer faßt es noch die Kräuterkundige *Mellie Uyldert* in ihrem Buch „Die verborgenen Kräfte der Pflanzen".[53] In ihrer Besprechung des Geißblatts sagt sie von ihm, es *„umarme seinen Baum wie einen Liebhaber".*

Sie fährt dann fort mit der altfranzösischen Geschichte von Tristan und Isolde, in der von jeher das Geißblatt eine tragende Rolle spielt. Tristan, der Isolde für seinen Onkel als Braut heimholen sollte, trank (versehentlich) mit ihr einen Zaubertrank, der die beiden in Sehnsucht aneinanderbannte. Sie sehnten sich nacheinander und waren doch getrennt durch Raum und Zeit, verloren im Erinnern, verloren für die Gegenwart. Tristan und Isolde hatten einander lieb *„wie Geißblatt und Haselstrauch"*, von denen es heißt, sie könnten lange zusammen leben, müßten aber sterben, würden sie voneinander getrennt. (Tatsächlich können junge Bäume, von einem Geißblatt umwunden, von ihm so eng umfaßt und eingeschnürt werden, daß sie darauf mit einer schraubenförmigen Verwachsung reagieren – so eine Verbindung kann schwerlich gelöst werden, ohne eine der beiden Pflanzen ernstlich zu verletzen).

In dieser Geschichte können wir den Seelenzustand wiederfinden, der die Menschen bewegt, denen die Geißblattessenz hilft. Sie sind mit Gedanken und Gefühlen in der Vergangenheit, und ihre Aufmerksamkeit für die Gegenwart ist darum wenig ausgeprägt; von ihr erwarten sie so wenig Gutes wie von der Zukunft, für die sie deswegen auch keine Pläne machen.

Ein Beispiel für einen typischen Folgezustand ist das sogenannte „schlechte Gedächtnis". Zuerst ist es häufig nur eine Folge davon, daß ein Mensch, dessen Hauptaufmerksamkeit in die Vergangenheit gerichtet ist, manches nicht bemerkt und es sich deshalb auch nicht merken kann. Es kann aber auch zum fast völligen Ausfall der Funktion führen, die Kurzzeitgedächtnis genannt wird, und die uns die Orientierung in der Gegenwart erlaubt. Oft wird dann die Erinnerung an Langvergangenes, das Langzeitgedächtnis, immer bestimmender. So kommt es zu Zuständen, in denen im Schwelgen über den süßen Wein der Jugend das Teewasser der Gegenwart vergessen wird und die durchbrennende Heizplatte das Haus anzündet.

Blütenessenzen aus der Geißblattfamilie

Honeysuckle, Geißblättr. Heckenkirsche *Lonicera caprifolium* **III** BACH
Bei nostalgischem Verweilen in der Vergangenheit, hilft, gegenwärtig zu sein und Gewohnheiten zu verändern.

Orange Honeysuckle, Orange Heckenkirsche *Lonicera ciliosa* PE
Erweckt friedvolle Kreativität.

Schwarzer Holunder *Sambucus nigra* **IV** BAK
Festhalten an begrenzenden Vorstellungen, in Gegensätzen denken; hilft zu Ausgleich und Synthese und die Gesamtheit in der Einzelheit wahrzunehmen

Wolliger Schneeball *Viburnum lantana* **III** BAK
Bei der (uneingestandenen) Weigerung, sich in anstehende Aufgaben einzufinden, fühlt sich überfordert und verkrampft; hilft, im Hier und Jetzt zu sein, Aufgaben anzunehmen und zu vollenden, Entspannung in der Anstrengung.

Viburnum, Korea-Schneeball *Viburnum carlesii* PE
Stärkt unsere Verbindung mit dem Unbewußten und unsere geistigen / übersinnlichen Fähigkeiten, Zuversicht.

Twinflower, Moosglöckchen *Linnea borrealis* PE
Kritiksucht bzw. Nicht – Urteilen, Akzeptanz.

Snowberry, Schneebeere *Symphoricarpus albus* **IV** PE
Das Leben annehmen, wie es ist, in diesem Augenblick.

Weigelia, Weigelie *Weigelia florida* **IV** PE
Hilft, Erfahrungen auf der körperlichen und der Gefühlsebene zu integrieren, um auf die Weisheit unserer Lehrer zu hören; bei Unvernunft und Verwirrung.

Das Geißblatt hilft uns, das Vergangene loszulassen und in der Gegenwart anzukommen. Es unterstützt auch dabei, eingefahrene *liebgewonnene* Gewohnheiten zu verändern, wenn sie nicht mehr in die gegenwärtige Lebenslage passen.

Die Seelenzustände, die von den Geißblattgewächsen angesprochen werden, zeichnen sich alle durch das *Auseinanderfallen von Wahrnehmung und gegenwärtiger Realität* aus. Bei Bachs **Honeysuckle** ist es der Bann schöner Erinnerungen und alter Gefühle, der das gute Alte vom öden Jetzt trennt. Die positive Seite könnte genauso beschrieben werden wie die der kanadischen

Schneebeere: Bewußtsein für den Wert des Jetzt. Sowohl die **Schneeball**-Arten wie auch die **Weigelie** fördern die Zusammenfassung unserer ganzen Fähigkeiten, um der Gegenwart gewachsen zu sein.

Beim **Moosglöckchen** ist es das Festhalten an einem einmal gefällten Urteil, das eine Kluft zur Realität schafft und durch die Fähigkeit geheilt wird, sich des Urteilens bewußt zu sein bzw. sich des Urteilens zu enthalten. Der **Holunder** schließlich betrifft die Fähigkeit der Zusammenschau an sich, wenn es uns unmöglich scheint, unsere Wahrnehmungen noch in ein Gesamtbild einzufügen.

Moosglöckchen

Die gemeinsame Qualität der Geißblatt-Essenzen können wir also mit der *Fähigkeit zur Integration der Wahrnehmung* umschreiben, die uns hilft, in der Vergangenheit gelebte Erfahrungen und entwickelte Fähigkeiten in die Gegenwart zu holen und hier anzuwenden. Sie fördern die Erkenntnis, daß der jetzige Augenblick der einzige Platz ist, an dem wir wahrhaft lebendig sein können.

Doldenblütler (Apiaceae)

Die Doldenblütler sehen sich in vielen Merkmalen so ähnlich, daß es anfangs sehr schwierig ist, sie einer bestimmten Art zuzuordnen. Der typische Vertreter hat eine Rosette reichgefiederter Blätter auf kräftigen Wurzeln, aus der erst im zweiten Jahr ein langer Blütensproß treibt, gekrönt von der kennzeichnenden, geometrisch regelmäßigen Dolde, die aus vielen kleinen weißen Blüten zusammengesetzt ist. Er wächst auf eher trockenem Boden, dem Licht und der Luft ausgesetzt, in steppenartigem oder gemäßigtem Klima. Er duftet kaum, gibt aber beim Zerdrücken oder Kauen eines Pflanzenteils ein kräftiges Aroma ab.

Sehen wir von einigen extremen Ausreißern ab (die letztlich die Regel nur bestätigen), so finden wir die Arten der Doldenblütlerfamilie alle in diesem Gesamtbild wieder, wenn auch mit individuellen Schwerpunkten. Schauen wir nun, ob wir bei den bisher bekannten Blütenessenzen von Doldenblütlern auch ein „Grundthema" finden. Zuerst einmal eine ausführlichere Geschichte über den Bärenklau.

Der Bärenklau (Heracleum sphondylum)   V

Der Bärenklau ist eine häufige Pflanze in gutgedüngten feuchten Wiesen. Er ist eine Staude, d.h. er treibt aus einem ausdauernden Wurzelstock jedes Jahr seine schwach bis grob gefiederten Blätter. Diese sind recht variabel gezähnt und gelappt. Im Sommer kommt aus der Blattrosette der gefurchte hohle Blütensproß (bis eineinhalb Meter hoch), der von den typischen Blütendolden gekrönt wird. Die kleinen Einzelblüten sind weiß, die am Rand der Dolde stehenden vergrößern ihre Blütenblätter, vor allem auch wiederum die nach außen weisenden. Die Pflanze besitzt einen eigen-

artig strengen Geruch, der leicht als unangenehm empfunden wird. Die Blätter gelten als gutes Viehfutter und
können auch als Wildgemüse zubereitet werden, obwohl sie Stoffe enthalten, die (zusammen mit Sonnenlicht) auf der menschlichen Haut Entzündungen hervorrufen können. (Diese sog. „Wiesendermatitis" ist harm-
los im Vergleich mit den Erscheinungen, die die größeren Verwandten, wie der Kaukasus–Bärenklau *(Heracleum mantegazzianum)*, hervorrufen können. Diese bis
drei Meter hohe prächtige Staude mit den großen Blü-
tenschirmen ruft bei der Berührung ihrer Blätter bei
Sonnenlicht u.U. verbrennungsartige Verletzungen hervor. Deswegen und weil sie sich zunehmend aus den
Gärten in die Landschaft ausbreitet, genießt sie in manchen Kreisen einen ausgesprochen schlechten Ruf. Sie
ist aber auch ein aussichtsreicher Kandidat für eine
neue Blütenessenz.

Die Bärenklau-Essenz paßt für Menschen, denen es
schwerfällt, sich mit der materiellen Seite des Lebens zurechtzufinden. Für sie ist es „natürlich", in geistigen Vorstellungen, Idealen und Gedankenkonstruktionen zu leben. Sie neigen gleichzeitig dazu, das tägliche Leben in
seiner Unübersichtlichkeit, wo es dauernd notwendig
ist, mit der trägen Materie umzugehen, abzulehnen und
abzuwerten. Es erscheint ihnen zu grob und ohne Geist
oder spirituellen Sinn zu sein. Das kann dazu führen,
daß sie mehr denken als leben und zu wenig dazu tun,
ihre an sich sehr reichen geistigen Gaben „auf die Welt
zu bringen". Bei manchen führt das zu einer enthaltsa-
men, asketischen, einsiedlerischen Lebenshaltung, andere versuchen sich mit einer scheinbar oberflächli-
chen, locker-flockigen „nichts-ist-wichtig"-Einstellung zu
behelfen. Auf andere wirkt der Bärenklautyp oft seltsam
zeitlos, nicht alt, nicht jung und selten ganz anwesend.

Die für diesen Zustand kennzeichnende Gefühlsfarbe
ist in dem Spannungsfeld zu suchen zwischen Überlegenheitsgefühl bzw. Hochmut („*ich durchschaue geistig*

alles") und einer ängstlichen Verlorenheit (*„die materielle Welt überwältigt mich / meine geistige Existenz"*).

Die Schlüsselbegriffe für die Kraft des Bärenklaus sind *Akzeptieren* und *Vertrauen*. In dem Maße, in dem das Leben, wie es nun einmal ist, akzeptiert und mit einem Vertrauensvorschuß bedacht wird, kann auch der Mensch lebendig werden. Das Leben öffnet seine „Innenansicht" und darin zumindest die Möglichkeit, es mit Sinn zu erfüllen und ihm eine spirituelle Ausrichtung zu geben. Es verliert sich der scheinbar so krasse Gegensatz zwischen Geistigem und Materiellem, und das tägliche Leben kann als eine Gelegenheit begriffen

Einzelblüte des Bärenklau

werden, einiges zu tun und zu lernen, das nicht *ausgedacht* werden kann. Das Leben kann dann sein wie eine Reise, bei der die lehrreichsten und wunderbarsten Erlebnisse aus den Widerständen, Unwägbarkeiten und Hindernissen erwachsen – allesamt Dinge, die wir im Voraus bei der Buchung niemals akzeptiert hätten.

Der wesentliche Inhalt der obigen Beschreibung entstand durch die Begegnung zweier Menschen mit dem Bärenklau während eines Seminars vor einigen Jahren. Da diese beiden Menschen, unterschiedlichen Alters und Geschlechts und in unterschiedlichen biographischen Situationen stehend, durch den Bärenklau eine wirkliche seelische Gemeinsamkeit entdeckten, ist erstaunlich genug.

Ein ausgesprochenes Aha-Erlebnis war es aber dann, Jahre nachdem diese Beschreibung des Bärenklaus formuliert war, die in der folgenden Aufstellung enthaltenen Beschreibungen von **Cow Parsnip** aus Amerika zu lesen. Diese Aussagen beziehen sich nicht auf unseren einheimischen Wiesen-Bärenklau, sondern auf eine nah verwandte amerikanische Art. Sie stimmen aber in einem wesentlichen Aspekt mit unserer Beschreibung überein: Dem Verwirrtsein durch die gegenwärtigen Umstände des konkreten Lebens steht die Entspannung gegenüber, die es dem Geistigen erlaubt, (durch uns) in der Welt tätig zu sein.

Dies faßt die Ergebnisse verschiedener Forschergruppen aus Nordamerika und Europa zusammen. Trotzdem können wir hier einen „roten Faden" entdecken: Immer wieder erscheinen Begriffe des *Geistigen* in verschiedenen Formen wie „*Meditation*", *Sinn, Wahrheit, Einsicht* und *Objektivität.* Auf der anderen Seite erscheinen *materielle Existenz, veraltete Strukturen, Oberflächlichkeit, untere Energiezentren, Tempo des Lebens (=Zeit),* also Begriffe des *konkreten Lebens.* Das Thema der Doldenblütler scheint sich nun im Spannungsfeld dieser beiden Pole des menschlichen Lebens – **Geist** und **Materie** – abzuspielen. Davon zeugen die obenstehenden Beschreibungen*: „Übergang über die Schwelle – Sterben"* (**Engelwurz**) heißt, Übergang von einer materiell bestimmten Existenz zu einer geistigen (daß sie eine geistige Existenz verneinen, macht es vielen Menschen so schwer, diesen Übergang zuzulassen). Andere Stichpunkte für die angesprochene Spannung sind: „*Ablehnung der materiellen Existenz als ungeistig..*" (**Bärenklau**), „*Einssein und Vielfalt"* (**Bibernelle**), „*Verdauung von Erfahrungen"* (**Dill**), „*geistige Fähigkeiten mit den unteren Energiezentren verbinden"* (**Karotte**) – damit sind diejenigen Kraftzentren des Körpers gemeint, aus denen beispielsweise unser Durchsetzungsvermögen oder unsere Sexualität gespeist werden, – und schließlich wieder „*Übergang"* (**Schierling**).

In der Zusammenschau beziehen sich die Doldenblütleressenzen also auf Zustände, in denen

Bibernelle

Blütenessenzen aus der Doldenblütler-Familie

Angelica, Engelwurz *Angelica archangelica, A. sylvestris* V FES
  Hilft anzunehmen, daß es Schutz und Führung auch aus der geistigen Welt (=auf eine nicht–materielle Weise) für uns gibt; gut für Kinder; gut für Sterbende, die sich schwer in den Übergang einfinden.

Bärenklau *Heracleum sphondylum* V BAK
  Hilft, wenn die materiellen Belange des Lebens abgelehnt werden, weil sie im krassen Gegensatz zu Idealen und geistigen Prinzipien gesehen werden; unterstützt das Vertrauen in die Welt, das Einlassen auf sinnvolle Aktivitäten und Entspannung.

Cow Parsnip, Bärenklau-Art *Heracleum lanatum* AFP
  Selbstentwicklung, wo immer wir uns befinden; Annahme der gegenwärtigen Umstände; Seelenfrieden in Zeiten der Veränderung.
  Unsicherheit in eine tiefe Selbst–Wahrnehmung verwandeln; DA
Entspannung und Ergebung in den göttlichen Willen; dem Universum erlauben, sich um die Details zu kümmern.

Bibernelle *Pimpinella saxifraga* BAK
  Hilft, sich aus alten (Denk-) Strukturen zu lösen; macht frei für Neues, unterstützt die Entfaltung in neue Lebensabschnitte.

Dill *Anethum vulgaris* IV FES
  Überwältigt und erdrückt vom Tempo des Lebens; „Verdauung" von Erfahrungen, um mit Schnelligkeit zurechtzukommen, Objektivität, Abstand.

Meisterwurz *Peucedanum osthrutium* BAK
  Bei Neigung zu oberflächlichem, zerstreutem Denken; unklare Wahrnehmung, Selbsttäuschung; für den Mut zur Wahrheit, ausgerichtetes Denken, Konzentration, Meditation.

Queen Anne's Lace, Karotte *Daucus carota* IV FES
  Geistige Einsicht und Sichtweise; die seelisch–geistigen Fähigkeiten mit den unteren Energiezentren in Verbindung bringen; nicht sehen wollen, was ist; Projektion und Mangel an Objektivität; vermeintliche Hellsichtigkeit.

Poison Hemlock, Schierling *Conium maculatum* PE
  Um loszulassen; um in Perioden des Übergangs auszuhalten, ohne steckenzubleiben.

die geistige Seite des Menschen mit seiner körperlich-realen in Konflikt steht. Anders gesagt, es sind Vorgänge und Schwierigkeiten bei der *Inkarnation* (d.h. „in das Fleisch gehen") und der *Exkarnation* („aus dem Fleisch gehen").

Tatsächlich gibt der Typus der Doldenblütlerpflanze auch ein Bild für diesen Prozeß. Ein Jahr lang (bei manchen Arten viele Jahre) nimmt die Pflanze mit feingefiedertem Blattwerk, was ihr an Licht und Wärme und den Kräften der Umgebung zukommt. All das speichert sie in ihrer gut ausgebildeten (Pfahl-) Wurzel. So verbindet sie sich mit der Erde und „bleibt auf der Erde", wie es die am Boden aufsitzende Blattrosette auch zeigt. Ganz anders das Bild des zweiten Jahres: Alle angesammelte Kraft verwandelt sich und geht in den aufstrebenden Blütensproß, der im doldigen Blütenstand endet. Die Dolde ist von geometrischer Regelmäßigkeit, vom Stengelzentrum strahlen gleichmäßig die Doldenäste aus, deren Enden bilden die Mittelpunkte der Teildolden, die schließlich die Blüten tragen. Immer feiner wird dabei die Struktur, immer durchsichtiger, und so liegen ihr auch die kräftigen Farben fern, die Blütenfarbe ist Weiß oder ein ganz blasses Rosa oder Gelb. Mit der Blüte beginnt sogleich die Pflanze zu vertrocknen, stirbt mit der Fruchtreife ab und verschwindet. Zurück bleibt oft ein „Skelett" des Blütenstands, das den ganzen Winter von der erreichten Ordnung und Struktur zeugt.

Wir könnten diese „Biographie eines Doldenblütlers" als Bild lesen für den Lebenslauf eines Menschen, wie ihn Dr. Bach erklärt: Die Seele des Menschen (also sein Geistiges) kommt auf die Welt, um bestimmte Erfahrungen zu machen, um eine bestimmte „Lektion" zu lernen. Was sie nun im Leben auf dieser Welt lernt, wird zur Erfahrung und so wieder zu etwas Geistigem. Ein Mensch wandelt sich dabei, besteht Übergänge, muß sich der Welt aussetzen, sie ordnen und doch immer wieder loslassen, letztlich auch seinen irdischen Körper.

Es mag uns bewußt sein oder nicht, wir alle leben in der Polarität zwischen der geistigen und der materiellen Seite unseres Seins, und neigen bei bestimmten Gelegenheiten dazu, die eine oder andere überzubewerten oder abzulehnen. Die Essenzen der Doldenblütler bieten eine Hilfe, ein Gleichgewicht zu schaffen, das unserer zweifachen Natur entspricht.

Ein interessanter weiterer Schritt ist, zu untersuchen, wie die individuelle Eigenart der Familienmitglieder, also das, was die einzelne Art vom Typus unterscheidet, sich in den Themen der Blütenessenz wiederfindet. Einige Anregungen dazu:

Dill

Der **Dill** beispielsweise hebt sich dadurch vom Familiencharakter ab, daß er eine einjährige Pflanze ist. Wo der Typus zwei Jahre braucht, ein Jahr des Sammelns und eines, die gesammelte Kraft im Blühen zu verwandeln, erlebt der Dill in einem Sommer seinen ganzen Lebenszyklus. Er lebt so schnell, daß die Gärtnereien ihn mehrfach aussäen müssen, wenn sie über die Vegetationszeit immer frisches Dillkraut ernten möchten, denn auch bei ihm nimmt das Blühen und Fruchten dem Kraut alle Kraft. Dieser vergleichsweise schnelle Lebensrhythmus findet sich im Thema seiner Blütenessenz wieder, wo er sich als Mittel für Menschen erweist, die sich vom schnellen Tempo ihres Lebens überfordert fühlen. Eine andere Besonderheit des Dills ist eine „wärmende" Geschmacksqualität, die ihn zu einer ausgezeichneten Verdauungshilfe für „kühlende" Speisen macht (z.B. Gurken, Reis). Wir können das als Hinweis darauf verstehen, daß es bei der „*Verdauung von Erfahrungen*", wie sie die Dill-Essenz ausspricht, darauf ankommt, Erfahrungen mit unserem Bewußtsein zu *durchwärmen* und uns so zu eigen zu machen. Er ist damit ein Heilmittel des „*Cool*"-Seins, mit dem sich manche gegen den Druck der schnellebigen Zeit zu wappnen suchen, und das sie doch nur zum tieferen Verständnis ihrer Mitwelt unfähig macht.

Schierling

Beim **Schierling** wird das Thema „*Übergangssituation*" angesprochen. Als Pflanze ragt er durch seine ausgesprochene Giftigkeit aus der Familie hervor. Die Art der Giftwirkung gibt uns einen Hinweis, welch tiefgreifende Übergänge damit (auch) gemeint sein können. Bekannt ist der Bericht Platos vom Tod des Sokrates durch den Schierlingsbecher. Darin wird erzählt, wie der Körper des Philosophen langsam von unten erkaltete und erstarrte und die Seele sich nach und nach aus dem Leib entfernte (exkarnierte). Sokrates gab sich ganz gefaßt diesem Übergang hin. Wir schreiben diese Ergebung zwar der Weisheit dieses Mannes zu, doch drückt sich in dieser Erzählung auch eine Qualität des Schierlingswesens aus, wie sie die Menschen des alten Griechenlands wahrgenommen haben..

Einen „märchenhaften" (und trotzdem realen) Ansatzpunkt bieten **Bibernelle** und **Engelwurz**. Beides sind alte Heilpflanzen, von denen oft in wunderbaren Geschichten im Zusammenhang mit dem Schwarzen Tod, der Pest, die Rede ist. Verbreitet sind Sagen, in denen ein Vogel (= Geflügelter, Engel, Botschafter des Geistigen) in der größten Pestnot erscheint und singt: „*Eßt Engelwurz und Bibernelle, dann sterbet ihr nit so schnelle!*"

Balsaminengewächse
(Balsaminaceae)

Diese Familie von schattenliebenden Kräutern fällt zuerst durch ihre bizarren Blüten auf: Ein Kelchblatt hat sich in die Blütenfarbe umgefärbt und bildet eine sporn- oder sackförmige Ausstülpung, oft ist die ganze Blüte gekippt und erscheint dann wie am „Dach" aufgehängt. Es kommen viele Blütenfarben vor: gelb, blau, rosa, purpurn-weinfarbig, bei den vielgezüchteten „Fleißigen Lieschen" *(Impatiens sultani)* auch knallig rot. Wie letztere sind auch andere Arten als Zierpflanzen in unsere Gärten gekommen, wie die Garten-Balsaminen *(Impatiens balsamina)* aus Ostindien und das Drüsentragende Springkraut *(Impatiens glandulifera)* aus dem indischen Himalaja. Mit diesem beginnt auch die Karriere der Balsaminengewächse in der Blütentherapie. Verwilderte Exemplare dieser Art gehörten zu den ersten Blüten, die Edward Bach für seine Essenzen verwendet hat.

Das Drüsentragende Springkraut   VI
(Impatiens glandulifera)

Für diejenigen, die schnell im Denken und Handeln sind und deshalb alles ohne Verzögerung erledigen wollen (...) Es fällt ihnen schwer, mit Menschen, die langsamer sind, geduldig zu sein ... " [34]

  Dieses Springkraut ist ein Neubürger. Einst als Zierpflanze in Gärten gehalten, hat es erst vor etwa hundert Jahren begonnen, sich in die Landschaft Europas hinein auszubreiten. Besonders in den letzten zwanzig Jahren ist es überall zu finden, wo die ihm zusagenden Bedingungen gegeben sind, also feuchter Boden und möglichst etwas Schatten. Ideal für es sind Ufer und Waldränder, hier tritt es dann oft in Massen auf.

  Die bis über zwei Meter hohe Pflanze hat große, gesägtrandige Blätter von schattigem, durchsichtigem Grün. Der auffällig dicke Stengel – unharmonisch dick wirkt er mit seinen angeschwollenen Knoten im Verhältnis zur Gesamtgestalt – ist oft rötlich überlaufen. Die eigenartig helmartigen Blüten haben eine purpurne bis weinrote Farbe, die auch bis ins Blaßrosa spielen kann (von blassen Blüten hat E. Bach seine Essenz gemacht). Die Pflanze duftet stark süßlich. Im Gedächtnis bleibt das Springkraut den meisten Menschen aber wegen sei-

Stengelknoten und Drüsen des Drüsentragenden Springkrautes

ner Früchte. Diese keulenförmigen Gebilde zerplatzen in reifem Zustand bei der geringsten Berührung und schleudern die Samenkerne einige Meter weit.

Diese Empfindlichkeit der unter hoher innerer Spannung stehenden Früchte ist schon ein deutlicher Hinweis auf die Wirkung der Blütenessenz. Tatsächlich bedeutet der botanische Name „Impatiens" - *Ungeduld*. Noch ein anderes Zeichen weist auf einen Zustand des *„unter Druck Stehens"*. Der dicke Stengel enthält kaum festigende Elemente wie Fasern o.ä.: er wird hauptsächlich durch den Turgor aufrechtgehalten, also durch den inneren Druck seines Saftes. Das wird besonders offenbar, wenn nach dem ersten Frost die Pflanzen zusammenfallen, weil das sich bildende Eis die Zellen durchstößt und so der Druck fällt. Damit ist dann auch aller Halt dahin und die Pflanze in kurzer Zeit fast verschwunden.

Ein weiterer Gedanke läßt sich an die „Geschichte" des Drüsentragenden Springkrauts knüpfen. Es verbreitete sich bei uns in der Zeit, in der auch der Schnelligkeit ein immer größerer Wert beigemessen wurde. Heute ist Geschwindigkeit ein Selbstzweck geworden, der für einen Zeitgewinn weitere Landschaftszerstörungen durch Verkehrswege oder die Zerteilung einer Tätigkeit in sinnlose, aber zeitsparende Einzelschritte fast selbstverständlich rechtfertigt. Wir selbst brauchen uns nur zu beobachten, wie es ist, im Auto hinter einem langsamen Schlepper herfahren zu müssen und nicht überholen zu können, um recht deutlich zu spuren, wie sehr wir von dieser „kulturellen Ungeduld" infiziert sind.

Wie es sein zweiter deutscher Name „Indisches Springkraut" schon sagt, stammt es ursprünglich aus Asien. Die dortigen Kulturen sind (waren?) von einem ganz anderen Zeiterleben geprägt. Wenn wir darauf aus sind, etwas in möglichst *kurzer* Zeit zu erledigen, kann es für sie viel wichtiger sein, etwas zur *richtigen* Zeit zu tun oder sich des Tuns ganz zu enthalten. Wo sich östliche Kulturen der Innenschau widmen, versuchen wir die Außenwelt im Griff zu halten. In dieser Richtung ist vielleicht der tiefste Aspekt der Impatiens-Qualität zu finden. Viel von unserer Eile ist das gehetzte Davonlaufen vor dem eigenen Schatten; denn sobald wir Zeit hätten, würden wir die innere Leere spüren, das verlorengegangene Gleichgewicht. Auch wir werden in dieser Seelenstimmung hauptsächlich von unserem inneren Druck aufrechtgehalten, und so erscheint uns der Zustand der Entspannung wie eine Bedrohung. Wieder wahrzunehmen, wo es in uns „drückt", die inneren Spannungen anzuerkennen und ausgleichen zu lernen, eröffnet uns die freie Wahl zwischen Schnelligkeit und Ruhe, zwischen Anspannung und Entspannung. Und behütet uns davor, die Lösung aller Probleme in der Veränderung von Mitmenschen oder der Mitwelt zu suchen, sondern da zu beginnen, wo alle wahre Veränderung beginnt – bei uns selbst.

Rührmichnichtan (Impatiens noli-tangere) VII

Das einheimische **Echte Springkraut** oder Rührmichnichtan ist eine typische Schattenpflanze feuchter Wald(rand)lagen.
  Die bis halbmeterhohe Pflanze hat eine eigenartige blaßgrüne Farbe, besonders die Stengel erscheinen glasig-durchscheinend. Die Stengelknoten sind verdickt, die Blätter eiförmig und grob gesät. Die goldgelben Blüten erscheinen im Sommer, sind tütenförmig, am hinteren Ende spitz mit einem gekrümmten Sporn, die offene

Seite zeigt eine zweigeteilte „Unterlippe" und in der Öffnung feine rote Pünktchen. Die verhältnismäßig großen (3–4 cm) Blüten hängen waagrecht an einem Blütenstiel, der sich von oben herabkrümmt und mit dem die Blüten mit ihrem „Dach" verbunden sind.

Namensgebend ist die Eigenschaft der reifen Früchte, bei der geringsten Berührung die Samenkörner weit hinauszuschleudern.

Rührmichnichtan ist eine Essenz für Menschen, denen es an Selbstvertrauen mangelt. Sie halten sich für unbegabt und benachteiligt, und ihre Existenz erscheint ihnen immer gefährdet. Menschliche Beziehungen versuchen sie unverbindlich zu halten, weil sie glauben, nichts geben zu können. Dabei neigen sie dazu, insgeheim die Erfüllung ihrer Wünsche von den anderen zu erwarten. Verhaltensweisen und Reaktionen seiner Mitmenschen erscheinen dem Rührmichnichtan- Typ oft als bedrohlich, weil er sie unmittelbar auf seine eigene Existenz bezieht. So scheut er die Berührung und wirkt leicht überempfindlich. Solche Menschen werden kaum jemals ihre eigenen Bedürfnisse vertreten, andererseits aber äußerst empfindsame Antennen dafür entwickeln, ob die Situation für sie „sicher" ist. Das bedeutet auch, daß sie sich schnell bedroht oder verletzt fühlen, ohne es unbedingt zu zeigen, oder sich in einer Überreaktion völlig zurückziehen.

Rührmichnichtan unterstützt die Entwicklung des Selbstvertrauens und unsere Bereitschaft zu geben. Es hilft, sich des eigenen inneren Reichtums bewußt zu werden und das Leben aus den eigenen Möglichkeiten heraus zu gestalten. Vorher unerkannte Reserven kommen zu Tage, und wir entdecken, daß wir nicht nur uns selbst erhalten und durchsetzen können, sondern auch den Mitmenschen viel zu geben haben – und dadurch wiederum bereichert werden. Wir können berührbar und verletzlich sein, und uns doch grundsätzlich sicher fühlen, uns selbst vertrauend dem anderen vertrauen.

Balsaminengewächse

Wir können „*uns selbst eine Heimat sein*". Für Menschen mit diesem Thema ist der Satz aus dem als „Desiderata" bekannten alten englischen Text eine gute Leitlinie: „*Du bist ein Kind des Universums, nicht weniger wie die Bäume und Sterne, Du hast ein Recht darauf, hier zu sein*".

Blütenessenzen der Balsaminengewächse

Impatiens, Drüsentragendes Springkraut *Impatiens glandulifera* VI BACH
Ungeduld, die sich vor allem am langsameren Tempo der anderen entzündet, hilft, innere Spannungen anzuerkennen und in sich auszugleichen.

Rührmichnichtan *Impatiens noli-tangere* VII   BAK
Fühlt sich hilflos, unfähig, bedürftig, bedroht, angespannt; unstetig; erwartet insgeheim viel von anderen und wehrt doch ab, was in Wirklichkeit angeboten wird; hilft, Vertrauen und innere Sicherheit zu entwickeln; Geben & Nehmen; Kontaktfähigkeit; Zärtlichkeit

Impatiens, Fleißiges Lieschen *Impatiens sultani* VIII   ALO
Mildert Ungeduld und bringt Toleranz und Akzeptanz für Situationen und Umstände außerhalb der eigenen Kontrolle zurück.

Eine auffallende Gemeinsamkeit der Springkraut-Essenzen ist in der ausgeprägten Empfindlichkeit zu suchen. Sie bewirkt, daß schon kleinste Einwirkungen eines Mitmenschen die innere Ruhe stören, weil sie innere Spannungen spürbar werden lassen. Alle tragen die Erwartung in sich, der Mitmensch, die Umwelt, das Universum möge sich so verhalten, daß ich selbst die Anspannung nicht aushalten (und ausgleichen) muß. Weil dies kaum auf Dauer durchzuhalten ist, kann Absonderung und Einsamkeit die Folge sein, um die auslösende Reibung möglichst zu vermeiden. Der kennzeichnende Unterschied besteht – wie immer in der Blütentherapie – in der besonderen Gefühls-"Farbe".

Beim **Drüsentragenden Springkraut** ist dies die Ungeduld, die ein Element der Überheblichkeit enthält, weil sich die Betreffenden ja dem Gegenüber überlegen fühlen: *„Ich bin schneller (d.h. besser) als Du"*. Erst ganz tief unten findet man bei solchen Menschen, daß sie auch mit bestimmten Seiten des eigenen Wesens ähnlich ungeduldig umgehen; sie halten sich selbst für unfähig, mit ihren inneren Spannungen klarzukommen.

Beim **Rührmichnichtan** ist die Empfindlichkeit offensichtlich von Ängstlichkeit und Unsicherheit geprägt. Wer Rührmichnichtan braucht, fühlt sich anderen eher unterlegen und neigt dazu, sich von ihnen abhängig zu machen.

Ein erhellender Vergleich ergibt sich auch aus der Sicht bestimmter Systeme der Farbdeutung (von diesen gibt es verwirrend viele, sie werden deshalb hier nicht weiter ausgebreitet). Wir könnten die Rosa-Töne von Impatiens – die mit dem Herzen in Verbindung gebracht werden können – vergleichen mit der gelben Grundfarbe des Rührmichnichtan: Gelb kann auf Verstand und Denken bezogen werden – das Denken aber ist eine Urquelle der Angst.

Nelkengewächse
(Caryophyllaceae)

Die Nelkengewächse sind eine Familie von Kräutern oder Stauden der gemäßigten Breiten. Der Typus zeigt einfache schmal-lineare Blätter, die den ganzen Sproß entlang gleich bleiben, bevorzugt trockene Böden und blüht in der warmen Jahreszeit in intensiven Farben. Die Spitzen der Blütenblätter neigen zur Aufspaltung (ganz ausgeprägt bei den „Fransen" der Gartennelken). Auch von dieser Familie hat Edward Bach erstmals einen Vertreter in die moderne Blütentherapie eingeführt, wenn auch einen, der in seiner Unscheinbarkeit ziemlich aus der Art schlägt.

Der Einjährige Knäuel (Scleranthus annuus)

Für diejenigen, die darunter leiden, sich nicht zwi-schen zwei Dingen entscheiden zu können ... " [34]

Von allen Pflanzen, die Edward Bach verwendet hat, ist das wohl die unscheinbarste. Der Knäuel wird höchstens zwanzig Zentimeter hoch, und hat dünne Stengel und ganz kleine schmale Blätter. Die kleinen Blüten bleiben grün, nur ein schmaler weißer Rand hebt sie etwas hervor. Der Knäuel wächst auf lockerem, sandigem und saurem (kalkarmen) Boden, an Wegrändern und auf Äckern.

Für die Entscheidungsschwierigkeit des Scleranthus-Zustandes, den Zweifel, das ewige Schwanken zwischen zwei Wahlmöglichkeiten, gibt die Pflanze gleich ein bezeichnendes Bild: Betrachten wir den einzelnen Stengel, so verzweigt er sich gerne in jeweils zwei gleichwertige „Äste", diese wiederum gabeln sich in zwei gleich starke Zweige usw. Links und rechts scheint ihm also gleich zu sein, und das ist ungewöhnlich: Die meisten Pflanzen bevorzugen einen Sproß, und die Verzweigungen ordnen sich dem (auch dickenmäßig) unter. Dieses Bild führt uns aber noch weiter. Ein solches Wachstum führt zu einer sehr sparrigen, „raumfüllenden" Pflanzengestalt. Tatsächlich kommt der Name der Pflanze daher, daß sie einen in sich verhakten dichten wirren Knäuel bildet: das eigentlich Auffallende an ihr.

Einjähriger Knäuel

Das alles können wir als Bild nehmen für die Unentschlossenheit des Scleranthus-(Seelen-)Typs, der schwankt zwischen zwei extremen Möglichkeiten, von denen mal die eine, mal die andere richtig erscheint, und der dadurch in Verwirrung gerät.

Wenn wir nun weiter schauen, was denn der „Nutzen" eines solchen Verhaltens ist, so liegt der Gedanke nahe, daß dieser Mensch im Grunde gar keine Entscheidungen treffen möchte. Er sucht sich zwei Alternativen aus, die gleich richtig und gleich falsch sind, und begründet so seine Unlust, sich einer Entscheidung auszusetzen. In dieser Hinsicht vermeidet er es, sein Leben voll zu ergreifen, *entschieden zu sein*.

Auch von dieser Zurückhaltung finden wir viel in der Erscheinung des Einjährigen Knäuels wieder. Ein mit älteren Exemplaren der Pflanze bedeckter Fleck Erde wirkt durch seine graue Farbe fast leblos, wie Asche. Besonders der Bau der Blüte deutet in diese Richtung: Scleranthus entwickelt keine Blütenblätter. Nur der grüne Blütenkelch wird ausgebildet, der dadurch etwas blütenartiger wirkt, daß der Rand der Kelchblätter weiß abgesetzt ist. Aber auch diese Zeichnung entsteht dadurch, daß sich das Blattgrün (d.h. das Leben) aus dem Rand zurückzieht und ihn farblos und trockenhäutig macht. (Auf diese Erscheinung bezieht sich der botanische Name *Scleranthus* von *skleròs*, verhärtet und *ànthos*, Blüte). Auch die Verwurzelung der Pflanze wirkt schwach – das ganze Knäuel ist nur wie mit einem dünnen Faden mit der Erde verbunden. Die Blüten können aber auch als Hinweis dafür gesehen werden, wie dieser Zustand aufgehoben wird. Bei ihnen ist das Prinzip der Zweiteilung aufgehoben, sie stehen zu mehreren am Ende der Sprosse. Aus der Zweiheit wird die Vielheit. So löst sich auch der Scleranthus-Zweifel, wenn auch die vielen anderen Möglichkeiten, die jede Situation in Wirklichkeit bietet, einmal wahrgenommen werden. Die Wahlmöglichkeiten zu erweitern, indem die Vielzahl der Wege bedacht wird, ohne sie sofort als „möglich"/„unmöglich", „unbequem"/„bequem", „anerkannt"/„ungewöhnlich" usw. zu beurteilen, ist der Anfang dieser Lösung. Hier liegt der Beginn der Entscheidungsfähigkeit und der selbstverständlichen Durchsetzungskraft, die der Knäuelessenz eigen ist.

Nelkengewächse

Blütenessenzen aus der Nelkenfamilie

ChICKWEED, Vogel-Sternmiere *Stellaria media* X   PE
 Das Anerkennen und Erfahren von Zeitlosigkeit; völlig anwesend sein und
damit fähig sein zu antworten.

Heidenelke *Dianthus deltoides* VIII   BAK
 Für Menschen, die dazu neigen, die eigenen Gefühle zu zensieren, und sich
die „unerlaubten" nicht zu leben gestatten; hilft, sich der eigenen Gefühle gewiß
zu sein, ihnen zu vertrauen und sie wertzuschätzen; Handeln aus emotionaler
Sicherheit.

Indian Pink, Leimkraut-Art *Silene californica*   FES
 Um gelassen und zentriert zu bleiben, auch bei starker Aktivität.

Knäuel, Einjähriger *Scleranthus annuus* VII   BACH
 Um sich auf Entscheidungen einzulassen, inneres Gleichgewicht; hilft bei Zweifel.

Lichtnelke, Rote *Silene dioica* IX   BAK
 Bei mangelndem Sinn für Priorität; verwirrt, verzettelt, verbohrt; hilft, Dinge nach
ihrer Wichtigkeit zu bewerten, innere Beweglichkeit und Übersicht, in sich ruhen.

Als gemeinsames Thema der Nelkengewächse zeichnet
sich die Fähigkeit des *Ausgleichs* und der *Balance* ab. Sie
führt zu einem Gefühl der Sicherheit und des Gleichge-
wichts, das es erlaubt, aus dem eigenen Schwerpunkt
heraus die Herausforderungen des Lebens zu beantworten.

 So offensichtlich das in den Eigenschaften der Essenzen zum Ausdruck kommt, so schwer fällt es vielleicht,
das in der Erscheinung dieser Pflanzen wiederzufinden.
Eine Ausnahme bildet der **Einjährige Knäuel**, der es
schon sehr deutlich zeigt, was es mit ihm auf sich hat.
Seine Neigung zur ewigen gabeligen Verzweigung ist
aber doch in der ganzen Familie verbreitet, besonders
bei den Vertretern, die als Pionierpflanzen auf offenem
Boden siedeln, wie die Mieren.

Die **Sternmiere** gibt uns noch einen anderen Hinweis auf ihr Thema: Dieses verbreitete Gartenunkraut mit seinen zarten weißen Blüten ist „zeitlos" in dem Sinne, daß es praktisch das ganze Jahr über wächst und blüht. Wenn ihr Wärme und Licht nur eine kleine Chance lassen, *ergreift sie die erstbeste Gelegenheit*, um dann auch zu blühen.

Für die anderen Vertreterinnen der Familie, die **Heidenelke** und die **Silene**-Arten, an sich im Aussehen sehr typisch für ihre Familie, bedarf die Deutung noch einer tieferen Einsicht. Hier führt der Weg vielleicht über die Betrachtung der Farben, der für die Nelken so typischen intensiven Rosa-Rot-Violett-Töne ihrer Blüten. Sie legen eine Beziehung zum Herzen nahe, das eine Art Gleichgewichtsorgan ist, weil es eine Balance schafft zwischen unseren körperlich-triebhaften (Überlebens-) Impulsen und unserer geistig-spirituellen Seite.

Rachenblütler (Scrophulariaceae)

Die Rachenblütler oder Braunwurzgewächse sind eine Familie, deren Mitglieder für botanisch Unbewanderte nicht auf den ersten Blick als solche zu erkennen sind. Trotzdem gibt es Gemeinsamkeiten, die eine Familiencharakteristik erlauben. Der typische Rachenblütler, Kraut oder Staude, liebt einen feuchten, manche auch sumpfigen Boden und hat die Neigung, sich an den Wurzeln der umgebenden Pflanzen (Gräser) als Halbschmarotzer mitzubedienen. Der typische Rachenblütler tut sich also schwer damit, in mineralisch-unbelebtem Boden zu wurzeln, das Leben in Form des Elements Wasser oder der lebendigen Säfte anderer Pflanzen muß ihm entgegenkommen. Viele Rachenblütler sind mehr oder minder giftig und auch altbekannte

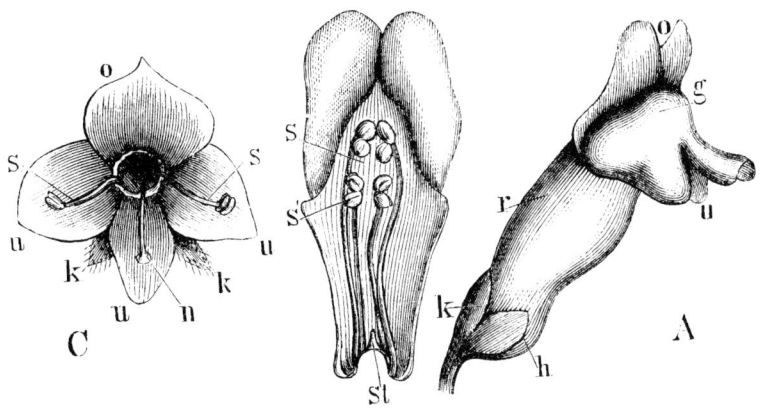

A = Löwenmaul
C = Ehrenpreis

g = *Gaumen*
    (B: Oberlippe
    von Innen)
h,o = *Oberlippe*
k = *Kelch*
n = *Narbe*
r = *Röhre der*
    Krone mit
    sackartigem
    Anhang
s = *Staubblätter*
st = *Rudiment*
    des hinteren
    Staubblattes
u = *Unterlippe*

Heilpflanzen. Der Bau der Blüten ist nicht radialsymmetrisch, wie bei den vorgenannten Familien, sondern zweiseitig-symmetrisch, (eine senkrechte Symmetrieachse). Die vier oder fünf Blütenblätter sind zu einer Röhre verwachsen, das Aussehen der Blüte variiert bei den Arten aber sehr stark und reicht von der offenen Schale der Königskerze zum tief eingestülpten Rachen des Löwenmauls und den „Masken" von Mimulus. Häufig sind trübe Blütenfarben (Braunwurz, *Scrophularia nodosa*) oder auffällige „tierische" Fleckungen (Fingerhut, Mimulus) zu finden.

*typische
"Tierfellflecken",
hier beim
Fingerhut*

IX Der Augentrost (Euphrasia stricta, E. officinalis)

Der Augentrost wächst zerstreut bis häufig in Wiesen und Halbtrockenrasen. Er wird etwa spannenhoch, die gegenständigen Blättchen sind eiförmig und gekerbt-gezähnt. Die kleinen (bis 1 cm langen) Blüten sind reinweiß oder leicht violettstichig, die Blütenblätter mit feinen violetten Linien gezeichnet, und auf der Unterlippe sitzt ein gelber Fleck. Wie der Name es schon andeutet, ist der Augentrost eine alte Heilpflanze mit Heilkraft bei bestimmten Augenleiden. Die Pflanze ist ein sogenannter Halbschmarotzer, d.h. sie entzieht den Wurzeln der sie umgebenden Gräser bestimmte Stoffe, trägt aber durch eigenes Blattgrün auch selbst zur eigenen Ernährung bei (ausgeprägte Schmarotzerpflanzen entwickeln gewöhnlich kein eigenes Blattgrün mehr).

Der Augentrost ist ein schönes Beispiel dafür, wie sich das Blütenessenzenthema einer Pflanze mit der Erforschung durch verschiedene Personen nach und nach entfaltet hat.

Die erste Nachricht stammte von I.M., die am Augentrost wahrnahm, daß er auch als Blütenessenz einen Bezug zum Auge hat, in dem übertragenen Sinn *die Fähigkeit zum (klaren) Sehen.*

Für S.E., die auch vom Augentrost angesprochen wurde, stand ein anderer Aspekt im Vordergrund. Ihr wurde bewußt, wie stark es sich auf die Beziehungen zu Mitmenschen auswirkt, wenn das eigene Selbstbild unrealistisch oder unklar ist. Wenn jemand z.B. glaubt, häßlich zu sein, wird er oder sie schwerlich jemand begegnen, der seine/ihre Schönheit bestätigt. Das beschreibt einen wesentlichen Teil der Schattenseite des Augentrost-Themas: gestörte Selbstwahrnehmung, unrealistisches Selbstbild und daraus folgend verzerrte Wahrnehmung der Außenwelt.

Nicht nur abwertende Selbstbilder können hier betroffen sein, sondern auch zu idealistische. Für M.R. war die

Begegnung mit dem Augentrost eine Begegnung mit seinen sehr hochgesteckten Erwartungen an sich selbst. Hatte er vorher geglaubt, sich auf vielen verschiedenen Gebieten einsetzen zu müssen, um seinen hohen Idealen nachzueifern, konnte er sich jetzt auf ein realistisches Arbeitsmaß zurücknehmen. Der Augentrost hatte ihm bei der Einsicht geholfen, daß er dabei war, seine Kraft zu überfordern. Er gab daraufhin ein von ihm ausgeübtes Kommunalmandat zurück und konzentrierte sich auf das, was er als seine eigentliche Stärke und Aufgabe empfand. In einem ersten Bericht beschrieb er die „Nachwirkung" seiner Bekanntschaft mit dem Augentrost so:

Augentrost

„*... Ich sehe die Dinge sehr klar, totale Ernüchterung, kein esoterisches Geschwätz mehr. Die Realität hat mich wieder. Lange genug geträumt, aus, vorbei! Wenn der Schläfer erwacht. Es tat weh, aber jetzt fühle ich mich gut dabei.* "

Die Augentrostessenz hat sich inzwischen für den oben umschriebenen Themenkreis gut bewährt. Sie paßt besonders für Menschen, die Hilfe brauchen, sich selbst bzw. ihre „Probleme" einmal aus einer anderen Warte zu sehen. Sie unterstützt dabei, das Selbstbild auf einen neuen Stand zu bringen, der mehr der *inneren Wahrheit* entspricht und dann einen realistischen Zugang zur Welt und zu Mitmenschen zu finden. Ein Bezug zum Sehorgan Auge liegt nahe, und so ist an die Verwendung der Augentrostessenz bei verschiedenen Sehstörungen zu denken, besonders in Verbindung mit den Methoden der sogenannten „Sehschulen", die Augengymnastik mit Bewußtseinsarbeit verbinden.

Rachenblütler 125

Blütenessenzen aus der Familie der Rachenblütler

Augentrost *Euphrasia stricta, E. officinalis*   **IX**   **BAK**
  Unrealistische Sichtweise auf die eigene Person und daraus folgend auf die
Beziehung zur ganzen Mitwelt; hilft klares Sehen, Realitätssinn und tiefe Einsicht
zu entwickeln.

Ehrenpreica officinalis; *Veronica persica*   **XII**   **BAK**
  Bei Schwierigkeiten, seine Gefühle wahrzunehmen und zu vermitteln; hilft,
eine klare emotionale Haltung zu finden und auszudrücken.

Fingerhut, Foxglove *Digitalis purpurea* **XI**   **BAK**
  Bei Wunschdenken, das sich ganz auf den materiellen Aspekt versteift;
Hartherzigkeit, die von emotionaler Verwundung (Enttäuschung) herrührt; hilft,
sich seiner wahren Herzenswünsche gewahr zu sein; heilt und „öffnet" das Herz.
  Baut Spannungen um das Herz herum ab;   **AFP**
durch Wahrnehmungshindrnisse in das „Herz der Dinge" hineinschauen.

Mimulus, Gefleckte Gauklerblume *Mimulus guttatus* **X**   **BACH**
  Furcht und Angst vor den konkreten Dingen des täglichen Lebens; Mut.

Scarlet Monkeyflower, Rote Gauklerblume *Mimulus cardinalis*   **FES**
  Für den Mut, sich starken Emotionen auszusetzen oder sie auszudrücken,
besonders Zorn; bei Furcht vor großen Emotionen und vor Kontrollverlust, die
sich im Verborgenen oder auf unerwartete Weise zeigen.

Sticky Monkeyflower, Gauklerblumen-Art *Mimulus glutinosus*   **FES**
  Furcht und Verwirrung über Intimität, speziell sexuelle Intimität;
zur Harmonisierung und zum Ausgleich sexueller Gefühle.

Den Oberbegriff für die – doch recht vielseitigen – An-
wendungsgebiete der Rachenblütler können wir mit
dem Begriff *Konfrontation* umschreiben.

Bei den Angstthemen der vier **Gauklerblumen**-Arten
ist immer ein bestimmter Mut angesprochen, sich diesen angsterregenden Situationen auszusetzen: *„Ich
kann Angst haben, und doch die Situation bestehen"*, ist
die Botschaft der Gauklerblumen.

Die **Königskerze** betrifft die Fähigkeit, sich in Gruppen-
zwängen selbst treu zu bleiben, was heißt, sich der eige-

Pink Monkeyflower, Rosa Gauklerblume *Mimulus lewisii*   FES
  Selbstannahme, emotionale Offenheit; Mut, sich emotional auf andere
einzulassen; Scham, Schuld, Minderwertigkeitsgefühl; Angst vor Bloßstellung
und Zurückweisung.

Mountain Pride, Bartfaden-Art *Penstemon newberryi*   XI   FES
  Für (geistige) Stärke angesichts widriger Kräfte; für positive Männlichkeit.

Mullein, Königskerze *Verbascum thapsus*   XII   DA
  Freudvolle Individualität; die dunkle Seite ohne Furcht wahrnehmen; sich
selbst an Gefühlen nähren, besonders wenn keine äußere Unterstützung verfügbar
ist. Ein Gefühl der Sicherheit, des Lebenssinns, des Schutzes.

Penstemon, Bartfaden-Art *Penstemon davidsonii*   FES
  Für innere Stärke angesichts von Prüfungen oder persönlichen
Herausforderungen; bei harten äußeren Umständen.

Snapdragon, Löwenmaul *Antirrhinum majus*   XIII   FES
  Lebendige dynamische Energie, gesunde Geschlechtskraft, emotionale
ausgewogene verbale Kommunikation; verbale Aggression und Feindseligkeit,
unterdrückte oder fehlgeleitete Geschlechtskraft; Spannung im Kieferbereich.

Waldwachtelweizen *Melampyrum sylvaticum*   XIII   BAK
  Bei Blockierung der emotionalen Selbstwahrnehmung, ausgelöst durch
Kindheitserlebnisse; hilft zur Selbsterkenntnis durch die Wahrnehmung alter
Denkmuster, Selbstsicherheit, Selbstverantwortung.

nen inneren Wahrheit ebenso auszusetzen wie dem Widerstand der Gruppe. Zur inneren Wahrheit gehört auch die Konfrontation mit dem eigenen Schatten, unserer dunklen Seite, die auch umarmt sein will.

  Die beiden **Bartfaden**-Arten zeigen etwas von ihrer kämpferischen Stärke durch ihre Wuchsorte im harten Klima der Bergregionen Nordamerikas, wo sie zu Hause sind.

  Beim **Löwenmaul** geht es um den Zusammenhang unserer „Überlebenskräfte" (wie die Sexualität auch eine

Königskerze

ist) und dem Sprechen. Mag dieser Zusammenhang auf den ersten Blick vielleicht weit hergeholt erscheinen, so ist es doch leicht zu beobachten, daß manche Menschen einen Energieüberhang durch besonders aggressives oder lautes Reden abbauen. Die Löwenmaulblüte zeigt auch eine deutliche Signatur in Bezug auf die Sprechorgane: In der Blüte sind die „Mandeln", die „Zunge" und der „Rachen" erkennbar, was ganz eigenartig berührt, wenn es eine rote Blüte ist.

Der **Augentrost** gibt schon durch seinen Namen den Bezug zum Auge zu erkennen. In der alten Signaturenlehre wurden die Zeichnungen in der Blüte – gelbe Flecken und feine violette Linien – als Zeichen für verschiedene organische Augenerkrankungen (Augenfehler) gelesen. Tatsächlich ist der Augentrost eine altbewährte Heilpflanze für die Augen und das Gesicht. Als Blütenessenz fördert er die Selbstkonfrontation; oft bedarf es ja höchsten Mutes, das eigene Selbst- bzw. Weltbild anzuschauen und zu hinterfragen.

Ähnliches ist über den **Wald-Wachtelweizen** zu sagen, nur daß hier der Schwerpunkt auf Erfahrungen aus der Kindheit liegt. Die beiden Pflanzen sind sich auch darin ähnlich, daß sie Halbschmarotzer sind – tatsächlich bemerken wir bei betroffenen Menschen eine gewisse Neigung zur Unselbständigkeit: Der Augentrost-Typ kann von dem Bild abhängig werden, das er den anderen zeigen möchte; der Wachtelweizen-Typ sucht diejenigen Gefühle vom anderen, die er sich selbst nach frühen Erfahrungen „verboten" hat.

Beim **Ehrenpreis** liegt die Konfrontation in der Fähigkeit, sich über seine Gefühle im klaren zu sein und dies den Mitmenschen auch mitzuteilen. Die verschiedenen Ehrenpreis-Arten zeigen auch in ihren blauen Blüten eine für die Rachenblütler ungewöhnliche Lichtheit und Klarheit der Farbe. Sie sind von feinen Linien gezeichnet und wurden von der alten Signaturenlehre als Bild des

Alpenveilchen
Cyclamen purpurascens

Beschreibung
auf Seite 91

Gilbweiderich
Lysimachia vulgaris

Beschreibung
auf Seite 95

Schlüsselblume
Primula veris

Beschreibung
auf Seite 94

**Wolliger
Schneeball**
*Viburnum
lantana*

Beschreibung
auf Seite 98

Water Violett, Wasserfeder
Hottonia palustris

Beschreibung auf Seite 95

Honeysuckle, Geißblättrige Heckenkirsche
Lonicera caprifolium

Beschreibung auf Seite 100

Schwarzer Holunder
Sambucus nigra

Beschreibung
auf Seite 104

Weigelia, Weigelie
Weigelia florida

Beschreibung
auf Seite 104

Snowberry, Schneebeere
Symphoricarpus albus

Beschreibung
auf Seite 104

Bärenklau
*Heracleum
sphondylum*

Beschreibung
auf Seite 105

**Angelica,
Engelwurz**
*Angelica
archangelica,
A. sylvestris*

Beschreibung
auf Seite 108

Farbteil

V

Queen Anne's Lace, Karotte

Daucus carota

Beschreibung
auf Seite 108

Dill

Anethum vulgaris

Beschreibung
auf Seite 111

Impatiens, Drüsentragendes Springkraut

Impatiens glandulifera

Beschreibung
auf Seite 113

**Rührmich-
nichtan**
*Impatiens
noli-tangere*

Beschreibung
auf Seite 115

**Knäuel,
Einjähriger**
*Scleranthus
annuus*

Beschreibung
auf Seite 119

**Impatiens,
Fleißiges
Lieschen**
*Impatiens
sultani*

Beschreibung
auf Seite 117

Heidenelke
*Dianthus
deltoides*

Beschreibung
auf Seite 122

Farbteil

Lichtnelke, Rote
Silene dioica

Beschreibung
auf Seite 121

Augentrost
*Euphrasia stricta,
E. officinalis*

Beschreibung
auf Seite 124

**Chickweed,
Vogel-
Sternmiere**

Stellaria media

Beschreibung
auf Seite 122

**Mimulus,
Gefleckte
Gauklerblume**

*Mimulus
guttatus*

Beschreibung
auf Seite 126

**Fingerhut,
Foxglove**
*Digitalis
purpurea*

Beschreibung
auf Seite 129

Bartfaden-Art
Penstemon

Beschreibung
auf Seite 127

**Mullein,
Königskerze**
*Verbascum
thapsus*

Beschreibung
auf Seite 126

Ehrenpreis
*Veronica
officinalis;
V. persica*

Beschreibung
auf Seite 128

XII   *Farbteil*

Waldwachtel-weizen

Melampyrum sylvaticum

Beschreibung auf Seite 128

Snapdragon, Löwenmaul

Antirrhinum majus

Beschreibung auf Seite 127

Farbteil   **XIII**

**Larkspur,
Rittersporn**
*Delphinium
depauperatum*

Beschreibung
auf Seite 136

**Windflower,
Küchenschelle**
Pulsatilla sp.

Beschreibung auf
Seite 137

**Monkshood,
Eisenhut**
*Aconitum
napellus*

Beschreibung
auf Seite 137

**Hahnenfuß,
Scharfer
Hahnenfuß**
*Ranunculus
acris*

Beschreibung
auf Seite 137

Farbteil XV

**Columbine,
Akelei**

*Aquilegia
sp.*

Beschreibung
auf Seite 136

**Clematis,
Gemeine
Waldrebe**

Clematis vitalba

Beschreibung
auf Seite 132

Kleinblütige Nachtkerze
Oenothera parviflora

Beschreibung
auf Seite 143

Schmal-blättriges Weiden-röschen, Fireweed
Epilobium angustifolium

Beschreibung
auf Seite 138

Fuchsia,
Fuchsie

Fuchsia x
hybrida

Beschreibung
auf Seite 146

Schling-
knöterich

Fallopia
aubertii

Beschreibung
auf Seite 147

XVIII

Krauser Ampfer

Rumex crispus

Beschreibung auf Seite 148

Weißer Klee

Trifolium repens

Beschreibung auf Seite 157

**Schlangen-
knöterich,
Bistort**

*Polygonum
bistorta*

Beschreibung
auf Seite 153

**Red Clover,
Roter Klee**

*Trifolium
pratense*

Beschreibung
auf Seite 159

Farbteil

**Blue Lupin,
Blaue Lupine**
*Lupinus
rivularis*

Beschreibung
auf Seite 161

**Gorse,
Stechginster**
Ulex europaeus

Beschreibung
auf Seite 160

Farbteil   XXI

Esparsette
*Onobrychis
viciifolia*

Beschreibung
auf Seite 160

**Sweet Pea,
Breitblättrige
Platterbse**
*Lathyrus
latifolius*

Beschreibung
auf Seite 160

**Robinie,
Scheinakazie**
Robinia viscosa

Beschreibung
auf Seite 155,
161

Hasenklee
*Trifolium
arvense*

Beschreibung
auf Seite 159

**Vogelwicke,
Tufted Vetch**
Vicia cracca

Beschreibung
auf Seite 160

**Sunflower,
Sonnenblume**
*Helianthus
annuus*

Beschreibung
auf Seite 164

**Sumpf-
Schafgarbe**
*Achillea
ptarmica*

Beschreibung
auf Seite 169

**Chicory,
Wegwarte**
*Cichorium
intybus*

Beschreibung
auf Seite 173

**Dandelion,
Löwenzahn**

*Taraxacum
officinale*

Beschreibung
auf Seite 173

**Habichts-
kraut**

*Hieracium
pilosella*

Beschreibung
auf Seite 173

**Berg–
Flockenblume**

*Centaurea
montana*

Beschreibung
auf Seite 173

Kohldistel
*Cirsium
oleracea*

Beschreibung
auf Seite 173

Arnika
Arnica sp.

Beschreibung
auf Seite 174

Black Eyed Susan, Rauher Sonnenhut
Rudbeckia hirta

Beschreibung auf Seite 174

Echinacea, Purpur-Sonnenhut
Echinacea purpurea

Beschreibung auf Seite 174

Calendula, Ringelblume
Calendula officinalis

Beschreibung auf Seite 174

**Chamomile,
Hundskamille**
*Anthemis
cotula*

Beschreibung
auf Seite 174

**Pineapple
Weed,
Strahlenlose
Kamille**
*Matricaria
martricarioides*

Beschreibung
auf Seite 174

**Fuchs'sches
Kreuzkraut**
Senecio fuchsii

Beschreibung
auf Seite 174

Goldenrod, Goldrute
Solidago sp.

Beschreibung
auf Seite 174

Huflattich
Tussilago farfara

Beschreibung
auf Seite 174

Shasta Daisy, Margerite
Chrysanthemum maximum

Beschreibung
auf Seite 175

**Yarrow,
Gemeine
Schafgarbe**
*Achillea
millefolium*

Beschreibung
auf Seite 175

**Pink Yarrow,
Rote
Schafgarbe**
*Achillea
millefolium
var. rubra*

Beschreibung
auf Seite 175

**Golden
Yarrow,
Gelbe
Schafgarbe**
*Achillea
clytedata*

Beschreibung
auf Seite 175

Farbteil **XXXI**

Tansy,
Rainfarn
Chrysanthemum
vulgare

Beschreibung
auf Seite 175

Zinnia,
Zinnie
Zinnia
elegans

Beschreibung
auf Seite 175

„lichten Auges" gedeutet, das klar sieht, und diese Klarheit auch „ausstrahlt".

Der **Fingerhut** schließlich ist als eine starke Herzheilpflanze bekannt und bestätigt in seiner Wirkung als Blütenessenz die alte Weisheit, daß ein Mensch mutig sein muß, um sich seinen Wünschen zu stellen, weil nur die Wünsche Erfüllung bringen, die wahre „Herzenswünsche" sind. Die zweite Beschreibung des Fingerhuts spricht vom „Herz der Dinge", in das er zu schauen hilft. Sie erinnert an den Satz aus dem *Kleinen Prinzen5*[4], der so häufig zitiert und so wenig beherzigt wird. *„Man sieht nur mit dem Herzen gut..."*

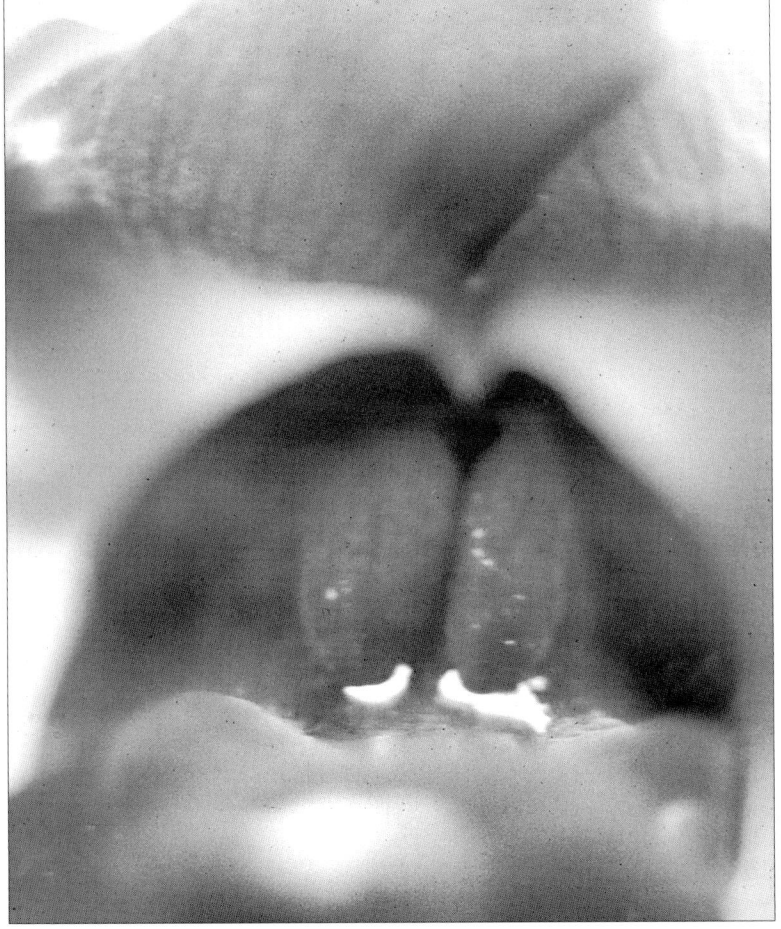

Signatur des Löwenmauls

Hahnenfußgewächse
(Ranunculaceae)

Die Hahnenfußgewächse sind eine sehr wandelbare Familie, Vielgestaltigkeit in den Formen ihrer Blätter und Blüten ist geradezu ihr Markenzeichen. Es finden sich bei den einzelnen Arten alle möglichen Blattformen – vom ganzrandigen zum gelappten zum geschlitzten, vom gefiederten bis zum fadenförmig aufgelösten Blatt ist alles vorhanden. Oft ist die Wandlung der Formen auch an ein und denselben Pflanzen zu beobachten. Sie bilden am Boden die typischen geschlitzten, wirklich an Hahnenfüße erinnernde Blätter aus, stengelaufwärts werden sie dann immer einfacher, bis sie sich in der Nähe der Blüten zu ungeteilten spitzen kleinen Blättchen umgeformt haben.

Meist treten die Hahnenfußgewächse als Kräuter oder Stauden auf, aber auch Gehölze wie die *Clematis*-Arten kommen vor. Die Vertreter der Familie suchen das Licht und lieben eine gewisse Feuchtigkeit, so sind sie überwiegend in den gemäßigten und nördlichen Breiten anzutreffen, wo sie Standorte vom Hochgebirge bis in die Gewässer hinein besiedeln.

Es ist eine ausgesprochen blühfreudige Sippschaft mit prächtigen Blüten in allen Farben des Spektrums. Viele werden in zahlreichen Spielarten als Zierpflanzen gezüchtet. Mit den Blüten der Hahnenfußfamilie hat es eine besondere Bewandtnis, die als Signatur für ihren Bezug zur menschlichen Seele dienen kann: Sie blühen *auf Umwegen.*

In der Regel sind Blüten nach einer inneren Ordnung aufgebaut, die uns zwar in den Einzelheiten nicht gleich bewußt ist, aber doch eine Ursache dafür ist, warum sie uns als schön erscheinen. Der Reihe nach treten grüne Kelchblätter, gefärbte Kronblätter, Staubblätter und Griffel (Fruchtblätter) in familientypischen Zahlenverhältnis-

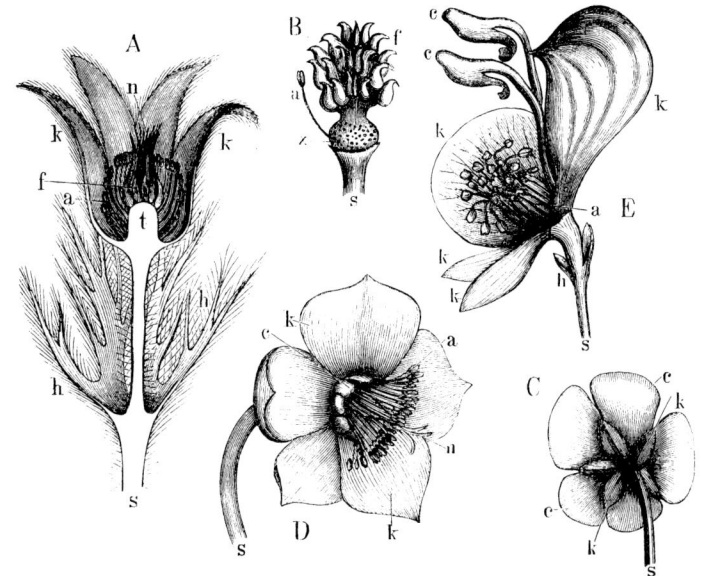

Blütenformen:

A = Küchenschelle
B = Gynäceum
C = Unteransicht
D = Grüne
      Nieswurz
E = Blauer
      Eisenhut

a = Staubblätter
c = Honigblätter
f = Fruchtknoten
h = Außenhülle
k = Perigon
n = Narbe
s = Stiel
t = Blütenboden
x = Blütenboden
      mit entfernten
      Staubblättern

sen auf. Weil das so ist, konnte Linné sein System der Pflanzenfamilien nach dem Bau der Blüten ordnen. Bei den Hahnenfußgewächsen wird diese Ordnung aber vielfach verändert und die Grenzen zwischen den spezialisierten Blütenorganen verschwimmen: Kelchblätter färben sich bunt und erwecken den Anschein von Kronblättern (*Clematis sp.*), solche bunten „Kronblätter" vergrünen nach der Blütezeit wieder zu Kelchen (Christrose, *Helleborus sp.*), Staubblätter verdicken sich, werden farbig und vertreten die Stelle der Kronblätter (Wiesenraute, *Thalictrum sp.*), Honigblätter (sonst nektarspendende Blütenorgane), gestalten sich in Farbe und Form zu Kronblättern um (Hahnenfuß, *Ranunculus sp.*; Akelei, *Aquilegia sp.*). Hier werden also gewundene Wege begangen, um zu erreichen, was der flüchtigen Betrachtung doch wie eine ganz „normale" Blüte erscheint. Wer sich aber in diese Art des Blühens hineinversetzt, bekommt einen Eindruck des *Zögerlichen*, des *Abschweifens*, das erst über Umwege dann doch noch „auf den Punkt" kommt. Solche Stimmungen begegnen uns dann auch bei den Blütenessenzen dieser Familie.

Wie häufig bei reichblühenden Pflanzen kommen

Hahnenfußgewächse   131

auch hier viele mehr oder minder giftige Arten vor. Es treten scharfe, hautreizende und entzündungserregende Stoffe auf; bei den auf gedüngten oder sauren Wiesen reichlich wachsenden Hahnenfuß-Arten werden sie durch das Trocknen abgebaut, so daß das Vieh sieh zwar auf der Weide meidet, aber im Heu mitfressen kann. Ein Extremfall ist der Eisenhut *(Aconitum napellus)*, der zu den giftigsten einheimischen Pflanzen gehört. Er zählt zu den alten Heilpflanzen aus der Familie und ist ein wichtiges Mittel in der Homöopathie.

XVI Die Gemeine Waldrebe (Clematis vitalba)

Für die Träumer, die niemals ganz wach sind und kein besonders großes Interesse am Leben haben... Sie leben in der Hoffnung auf glücklichere Zeiten, in denen ihre Ideale Wirklichkeit werden könnten ... unternehmen nur wenig Anstrengungen, wieder gesund zu werden ...". [34]

Die Waldrebe ist eine holzige Kletterpflanze. Sie ist häufig an Plätzen zu sehen, wo sie Büsche und Bäume als Stütze, Licht und genügend fruchtbaren und feuchten Boden vorfindet. Typische Clematis-Plätze sind Ufergehölze, Auwälder und Waldränder. Im Gegensatz zum Efeu oder zum Geißblatt, die am Stamm selbst entlangklettern, hangelt sich die Waldrebe an der Außenseite der Baumkrone entlang, umspinnt und durchwebt sie dabei mit ihren eigenen Trieben. (Als Halteorgan benutzt sie dabei die Stiele der gefiederten Blätter). Bei älteren Pflanzen erreicht der Stamm mit seiner fasrigen Rinde Armesdicke. Die Waldrebe blüht im Sommer. Die (verglichen mit den gezüchteten Garten-Clematis) kleinen Blüten sind rahmweiß und stehen in Blütenständen zusammen. Die vier Kelch-Blütenblätter fallen bald ab, es bleibt dann die strahlige Kugel des Blüteninnern. Die fedrig-seidigen Fruchtstände bleiben oft den ganzen Winter noch an der Pflanze.

Für die Deutung der Clematis-Signatur kommt zuerst natürlich in Betracht, daß sie eine Liane ist, eine Kletterpflanze. Kletterpflanzen fehlt es an eigener „Aufrichtigkeit", an Kraft, aus der eigenen Mitte heraus dem Licht entgegen zu wachsen. Sie stützen sich auf andere oder hängen sich an sie – was immer heißt, ihr Schwerpunkt liegt nicht in ihnen. Sie zeigen damit einen Aspekt des „Außer-sich-seins". Nun ist das eben allen Kletter-, Klimm- und Schling-pflanzen gemeinsam (so auch den anderen „Bachpflanzen" Geißblatt und Wein), es bedarf also noch genauerer Hinweise.

Von Waldrebe umsponnene Bäume

Eine Eigenart der Clematisblüte ist es, daß sie keine Blütenblätter hat, sondern an ihrer Stelle die Kelchblätter färbt. Weil auch diese bald abfallen, vertreten dann die hellen Griffel und Staubblätter die Stelle der Blütenblätter. Die Clematis kommt also auf einem der angesprochenen *Umwege* zum Blühen. Das entspricht recht gut den Folgen der versponnenen, dem spontanen Hiersein abgeneigten Seelenhaltung, wie sie Bach als typisch für die Clematis–Essenz schildert.

Einen anderen Vorschlag zur Deutung machen Julian und Martine Barnard in ihrem Buch „*Das Bachblüten-Wunder*" [55]. Sie beschreiben das Bild einer von Clematis umsponnenen Hecke, deren Umrisse unter dieser Hülle undeutlich werden. Die Grenzen verschwimmen; wo die Hecke beginnt, und die Waldrebe endet, entzieht sich der Wahrnehmung. Das ist ein gutes Bild für den unklaren Seelenzustand des Clematis-Typs, der sich so schwer tut mit den Unterscheidungen, die das tägliche (d.h. konkrete und gegenwärtige) Leben immerzu fordert. Ein schönes Bild dafür bot ein Platz , den der Autor

Hahnenfußgewächse   133

vor einiger Zeit besuchte. Dort hatten einige ambitionierte Menschen eine Landbau-Genossenschaft gegründet. Zu der Zeit war aber der alte Schwung verebbt, viele gute Pläne hingen in der Luft, ohne daß recht erkennbar wurde, wie, von wem und wann sie verwirklicht werden würden. Bezeichnenderweise hatten sie dort damit zu kämpfen, daß ihre Obstbäume immer wieder von einer Schlingpflanze überwuchert wurden, wie sich bei näherer Betrachtung herausstellte, just von der Gemeinen Waldrebe!

Da gibt es aber noch eine Signatur ganz anderer Art, die das Seelenthema von Clematis anklingen läßt. Die nah verwandte Aufrechte Waldrebe (*Clematis recta*) wird nämlich in der Homöopathie verwendet, d.h. es gibt auch eine homöopathische „Arzneimittelprüfung" von ihr. Dazu haben eine Anzahl gesunder Menschen den aus der blühenden Pflanze ausgepreßten und verdünnten Saft (also etwas ganz anderes als die Blütenessenz!) eingenommen und beobachtet, wie sich ihr Gesundheitszustand daraufhin verändert. Die gesammelten Berichte ergeben ein „Bild" von den Gesundheitsstörungen, für die Clematis in der homöopathischen Heilweise eingesetzt werden kann, und das sind insbesonders Leiden der Haut, der Lymphdrüsen und der Geschlechtsorgane. Dazu tritt aber auch ein seelisches Symptom, das für uns wichtig ist: *Schläfrigkeit am Tag.*[56] Der Zustand der mangelnden Wachheit würde uns in der Blütentherapie sofort an Clematis denken lassen. Damit gibt uns das Wirkbild der Inhaltsstoffe einen Hinweis auf die Wirksamkeit der Blütenessenz, bei der die stoffliche Zusammensetzung der Pflanze keine Rolle mehr spielt, und kann damit als ein Teilaspekt in die Deutung der Signatur einbezogen werden. Dies ist übrigens auch bei einigen anderen Pflanzen möglich, die in der Blütentherapie verwendet werden, und von denen ein homöopathisches Wirkbild vorliegt, das auch seelische Erscheinungen beschreibt. Hier liegt ein Berührungspunkt der beiden Verfahren, die sich jeweils auf ihre Weise mit den feinen Kräften befaßt, die den Pflanzen innewohnen. Trotzdem ist es wichtig, sie als die zwei Paar verschiedener Stiefel zu betrachten, die sie nun einmal sind. Blütenessenzen sind etwas grundsätzlich anderes als homöopathische Arzneien; sie in denselben Topf zu werfen, tut beiden Unrecht und ergibt einen schrecklichen (Begriffs-) Mischmasch. Um nur einen ganz wesentlichen Unterschied herauszugreifen: Homöopathische Mittel werden mit dem erwähnten „Menschenversuch" am gesunden Menschen in ihrer Wirksamkeit geprüft. Blütenessenzen können sich aber bei der Einnahme(!) nur dem mitteilen, der in der betreffenden Seelenstimmung lebt; dem „Gesunden", der sie gerade nicht braucht, sagen sie nichts.

Lianenstamm der Waldrebe (und der damit verbundene ungeerdete Zustand)

Hahnenfußgewächse

Blütenessenzen aus der Hahenfußfamilie

Clematis, Gemeine Waldrebe *Clematis vitalba* XVI   BACH
Abwesenheit; in Idealen oder Zukunftsvorstellungen leben, Tagtraum; Wachheit, Verwirklichung von Idealen, Erdung.

Clematis *Clematis x'Ernest Markham'*   FM
Um sich wieder mit dem Leben zu verbinden; um Teilnahmslosigkeit zu überwinden und im Jetzt zu leben.

Columbine, Akelei *Aquilegia formosa* XVI   AFP
Sich selbst wertschätzen; die einzigartige und persönliche Schönheit anerkennen, ohne Rücksicht darauf, wie sie sich von der anderer unterscheidet.

Hahnenfuß, Scharfer Hahnenfuß *Ranunculus acris* XV   BAK
Bei Verwirrung, Beeinflußbarkeit, weil man nur um sich selbst kreist und keine Übersicht gewinnt; gibt Vertrauen in eigene Wahrnehmung; sich fallenlassen und geben.
Wenn die eigene Sicht von Vorurteilen geprägt ist und man   BFS
sich schwer tut, die Sonne ins Leben einzulassen.

Buttercup, Hahnenfuß-Art *Ranunculus sp.*   FM
Um sich dessen bewußt zu sein, daß wir ein einzigartiges Geschenk für die Welt sind, Selbstachtung.

Buttercup, Hahnenfuß-Art *Ranunculus occidentalis*   FES
Für die Anerkennung des Selbstwertes; für jene, die „ihr Licht unter den Scheffel stellen" oder ihre Lebensart unterzubewerten, weil sie sich minderwertig fühlen.

Larkspur, Rittersporn *Delphinium depauperatum* XIV   FES
Führungsqualität mit Heiterkeit und positivem Charisma, zum Ausgleich der Extreme zu starken Pflichtgefühls und Selbstüberschätzung.

Monkshood, Eisenhut *Aconitum napellus* XV   BFE
Bei Schwierigkeiten, die schon sehr lange bestehen und deren Ursachen weit in der Vergangenheit liegen; hilft, einen in die Gegenwart zu holen.
Verbindet mit der eigenen angesammelten Weisheit; verstärkt Selbsterkenntnis. FM

Monkshood, Eisenhut *Aconitum delphinifolium*   AFP
Furchtlosigkeit; verstärkt die Fähigkeit, mit anderen durch starke Selbst–Identifikation zusammenzuwirken; realen Raum durch spirituelle Vereinbarung aufzuteilen.

Windflower, Küchenschelle *Pulsatilla sp.* XIV   PE
Spirituelles Tonikum; unterstützt Erdung und innere Sicherheit als Selbstwahrnehmung und im Umgang mit anderen.

Es verwundert wenig, daß bei einer so vielgestaltigen und wandelbaren Familie auch ein übergreifendes Seelenthema schwer in einem Satz zusammenzufassen ist. Auffallend ist jedenfalls, wie oft Zustände beschrieben werden, in denen der Mensch nicht ganz anwesend ist: die Un-Verbundenheit mit dem realen Leben bei den **Clematis**-Arten, die Scheu, persönliche Eigenschaften und Fähigkeiten wertzuschätzen und auszudrücken bei fast allen Arten. Die andere, hilfreiche Seite wird dann sehr oft mit dem Begriff *Erdung* beschrieben mit den Zwischentönen *Wachheit, Vertrauen in die eigene Wahrnehmung* (**Hahnenfuß**), *Selbstwertgefühl* (**Buttercup**), *Selbst-Identifikation* (**Eisenhut**), *Schönheit* (**Akelei**) und *innere Sicherheit* (**Küchenschelle**).

All dies können wir umschreiben mit der *Fähigkeit, mit sich eins zu sein.* Sie erlaubt uns, verbunden zu sein mit unserem Körper, mit unserer Wahrnehmung, mit ureigenen (mitgebrachten) Fähigkeiten, Träumen und Idealen. Wer so mit sich eins ist, wird ganz anders auf die Mitwelt, die Mitmenschen und die Aufgaben des gegenwärtigen Lebens zugehen. Die Botschaft der Hahnenfuß-Familie ist: *Du hast die Möglichkeit und das Recht zu blühen, auf Deine einzigartige Weise, auch wenn Du Umwege gemacht hast, um dorthin zu gelangen.*

Nachtkerzengewächse
(Onagraceae)

Eine kleine, aber feine Gesellschaft sind die Nachtkerzengewächse. In der europäischen Flora sind von ihr besonders die verschiedenen Weidenröschen-Arten verbreitet. Zwei andere Gattungen, die als Zier- und Nutzpflanzen eingeführt wurden, stammen aus Amerika: die Nachtkerzen, von denen in Mitteleuropa einige

Arten verwildert sind, und die zahlreichen Gartenformen der Fuchsie, die sich nur in milden Gegenden (wie in Irland) im Freiland eingebürgert haben.

Als Blütenessenzen sind Vertreter aller genannten Gattungen in Gebrauch.

Gattung Weidenröschen

XVII

Das Schmalblättrige Weidenröschen
(Epilobium angustifolium)

Das Schmalblättrige Weidenröschen ist eine der prächtigsten unter den zahlreichen einheimischen Weidenröschen-Arten. Es wird über einen Meter hoch und wirkt gleichzeitig zart und doch voller Leben. Seine Blüten sind hell purpur-rot, der ganze Stengel ist mit länglichen Blütenknospen besetzt, die sich dann von Juni bis August von unten nach oben öffnen. Die Blüten haben vier flach ausgebreitete Kronblätter an einem schlanken „Stiel", der eigentlich ein langgestreckter Blütenkelch ist, der die Blütenfarbe angenommen hat. Aus ihm entsteht die längliche Frucht, die bei der Reife aufplatzt und die weißen Samenhaare sichtbar werden läßt, an denen die Früchte weit vom Wind herumgetragen werden.

Auf Seminaren wurden immer wieder Menschen von dieser Weidenröschen-Art angesprochen, es war aber längere Zeit nicht recht greifbar, wo der „rote Faden", die seelische Entsprechung, zu finden wäre. Den Schlüssel dafür gab schließlich ein Vortrag, den der Heilpraktiker *Dirk Albrodt* über die Blütenessenzen aus Alaska gehalten hat. Er berichtete dort, daß *Steve Johnson*, der Begründer des Alaskan Flower Essence Project, als Feuerwehrmann und Spezialist für die Bekämpfung von Waldbränden nach Alaska gekommen ist. Er hat dort beobachtet, wie sich nach Waldbränden die ganze Gegend mit einer Weidenröschenart überzieht, die deswegen auch *Fireweed* (= Feuerkraut) heißt. Dieses rosablühende Meer heilt die Wunden des Brandes und hilft den dort lebenden pflanzenfressenden Tieren, die folgende Zeit zu überstehen. (Nach dem großen Brand, der vor einigen Jahren große Teile des Yellowstone Nationalparks in den USA verwüstete, verhungerten entgegen der Erwartung kaum welche der dort lebenden Großsäuger wie Hirsch und Waldbison. Das Weidenröschen gab ihnen genug zu fressen). Einmal aufmerksam geworden, hat Steve Johnson auch bei anderen Weidenröschenarten beobachtet, daß und nach welchen Katastrophen sie vermehrt auftreten, z.B. die *River Beauty* (engl. „Schönheit vom Fluß", *Epilobium latifolium*) nach Überschwemmungen. Zur Heilung der Landschaft nach Naturkatastrophen beizutragen, scheint also eine besondere Aufgabe der Weidenröschen zu sein. Das ist auch in der mitteleuropäischen Flora zu beobachten, so beim *Fleischer-Weidenröschen (Epilobium fleischeri)*, das auf dem Schutt von Erdrutschen in den Alpen vorkommt. Aus diesem Grund ist verständlich, warum Steve Johnson die seelische Entsprechung der Weidenröschen so umschrieben hat: „*Überwindung von zerstörerischen/ überwältigenden Erfahrungen* ".

Mit diesem Gedanken fiel dann endlich der Groschen und die gesammelten Erfahrungen mit unserem Weidenröschen ergaben einen gemeinsamen Sinn. Tatsächlich kommt auch das Schmalblättrige Weidenröschen in größeren Ansammlungen auf verwüsteten Flächen vor; nachdem Waldbrände bei uns verhältnismäßig selten sind, sind es meist Kahlschlagflächen, auf denen dies zu beobachten ist, die ein recht gewaltsamer Eingriff in den Lebensraum Wald sind. (Erst später ist klargeworden, daß das von Johnson beschriebene *Fireweed* mit diesem Weidenröschen identisch ist!).

Während unserer Seminare haben wir folgende Wahrnehmungen sammeln können: Der erste Ansatz kam

Schmalblättriges Weidenröschen

von H. S. (1988). Er hat es so zusammengefaßt: *Vertrauen* finden, Gemeinsames sehen und Gemeinsamkeiten entwickeln, *Zusammengehörigkeit*; Schutz vor Überforderung, Verlust von Eigendünkel.

Für A.B. im Jahr darauf drehte sich die Erfahrung der Qualität des Weidenröschens um die Begriffe *Transformation, Distanz* und *Durchhaltekraft*. Für sie war auch bemerkenswert, wie es in einer wenig anziehenden Umgebung wachsen will und kann.

Am deutlichsten kam das Thema bei B. J. zum Ausdruck, die sich sehr intensiv auf das Weidenröschen eingelassen hat. Für sie standen zuerst besonders ihre „negativen", d.h. unerwünschten Gefühle im Vordergrund, wie Aggression, Trauer, Ärger und Groll. Auch bei ihr trat ein Bestreben nach *Distanz* auf, nach Abstand zu der Pflanze, zur Gruppe, zu ihren Gefühlen, was sie als *Weigerung zu geben* empfand.

Einige Zitate aus ihren Aufzeichnungen:

„Ich bin blockiert, lahmgelegt, unfähig, den Kontakt wiederherzustellen, gekränkt, in meinem Stolz verletzt; es sieht so aus, als ob alles so leicht zugänglich wäre, aber ich komme nicht dran ... Auszuharren ... hat ein Gefühl der Erleichterung freigesetzt. Mir ist klargeworden, daß ich mit vielen teilen soll ... Aber ich treffe überall Verwandte und kann mich mit ihnen austauschen. Sie lassen jetzt die Berührung zu ... Zwei weitere Themen sind: **Nachtragen**, *nicht vergeben können, Spannung aushalten können, ... freigeben. Ich übernehme die Verantwortung, wenn ich entscheide, meine Wunde noch eine Weile zu behalten. Aber ich habe den göttlichen* **Auftrag, heil/gesund zu werden.**"

Mit Abstand und der oben beschriebenen Signatur der Weidenröschen im Sinn fällt es leicht, in den Erfahrungen dieser Menschen den gemeinsamen roten Faden zu sehen. Er drückt sich in Begriffen aus wie *Distanz / Kontakt/Gemeinsamkeit - Ärger/Groll/ Nachtragen - Vertrauen/Durchhaltekraft/Auftrag, heil zu werden.*

Fassen wir das einmal zusammen. Eine Möglichkeit, wie wir auf zerstörerische Erfahrungen reagieren können, ist, auf Distanz zu gehen zu unserer Mitwelt, unseren Mitmenschen und unseren eigenen Gefühlen. Wir glauben uns damit sicher vor weiterer Verletzung, fühlen uns aber gleichzeitig fremd und zurückgewiesen. Das Weidenröschen unterstützt uns, diese Barriere wahrzunehmen, damit verbundenen Schmerz durchzustehen, das Geschehene in Vergebung loszulassen und zur eigenen Ganzheit, zur Verbundenheit mit dem Leben und den Mitmenschen zurückzufinden.

Noch ein weiterer Aha-Effekt verbindet sich mit der Erforschung des Weidenröschens. Als die Sache bis zu dem geschilderten Stand gediehen war, fiel dem Autor ein alter Brief aus seinem Archiv in die Hände, den W.B., eine frühere Kursteilnehmerin, geschrieben hatte, und der bis dahin unbeachtet geblieben war. Jetzt erwies er sich als ein so schlagendes Beispiel intuitiver Erkenntnis, daß er hier zitiert werden soll:

*„Großes Weidenröschen (Trümmerblume) - wenn alles Porzellan zerschlagen ist, Du die Verzweiflung hinter Dir hast, Dich ausgeweint, bemitleidet und die ganze Welt für schuldig erklärt hast, dann hilft Dir das Weidenröschen, mit Mut und Tatkraft aus all den inneren Trümmern das Brauchbare (Wesentliche) herauszufiltern und etwas Neues daraus entstehen zu lassen (ganz starke Transformationskräfte, Spiritualität) ... **Ganz wichtig,** die Erkenntnisse herausfiltern und mit dem Wiederaufbau beginnen (Transformation der Marsenergie).*

Der Name *Trümmerblume*, den W.B. auch benutzt, entstand, als das Weidenröschen nach dem Zweiten Weltkrieg auch in den Trümmern der zerbombten Städte massenhaft vorkam und so die Generation der „Trümmerfrauen" begleitet hat. Die Blütenessenzen von den Weidenröschen stehen inzwischen auch in dem Ruf, besonders für Frauen segensreich zu sein.

Schmalblättriges Weidenröschen,   BAK
Fireweed *Epilobium angustifolium*   XVII

Hilft bei Nachwirkungen von zerstörerischen Erfahrungen; verletzt, mißtrauisch, distanziert, traurig; bringt Mut, Vertrauen, Sinn für die Gemeinschaft der Menschen; Heilung alter seelischer Wunden durch Einsicht, Loslassen und Verzeihen.

Erdung und Befreiung von alten Energiemustern im Körper,   AFP
damit neues Leben einkehren kann; stellt einen nährenden Energiefluß nach einer verletzenden oder verwandelnden Erfahrung wieder her.

Wahrnehmung der Fülle der Liebe im Inneren wie in der Außenwelt.   PE

River Beauty, Weidenröschen-Art *Epilobium latifolium*   AFP

Regeneration; Neubeginn nach einer zerstörerischen Erfahrung; widrige Umstände als Möglichkeit zu Reinigung und Wachstum ansehen.

Zottiges Weidenröschen *Epilobium hirsutum*   HB

Heilung kindlicher Verletzungen; für überforderte Kinder oder Menschen, die als Kinder überfordert waren.

Die Gemeinsamkeiten sind hier wohl offensichtlich; interessant auch, wie unterschiedlich die Beschreibungen des Schmalblättrigen Weidenröschens auf den ersten Blick wirken, während sie tatsächlich nur verschiedene Ebenen desselben Themas beschreiben.

Gattung Nachtkerzen

Auch von den Nachtkerzen gibt es bereits mehrere Blütenessenzen. Obwohl die Gattung eigentlich aus Nordamerika stammt, kommen einige Arten auch in Europa in der freien Landschaft verwildert vor. Die Gemeine Nachtkerze *(Oenothera biennis)* wächst heute verbreitet auf Bahndämmen und Ödland. In die Gärten war sie sowohl als Zierpflanze als auch wegen ihrer eßbaren Wurzel („Schinkenwurzel") als Gemüse geholt worden. Inzwischen wird sie wieder in größerem Maß-

stab angebaut, um aus ihren Samen das „Nachtker-
zenöl" zu gewinnen, das u.a. wegen seines Reichtums
an Gamma-Linolensäure als Nahrungsergänzung be-
gehrt ist.

Die Kleinblütige Nachtkerze XVII
(Oenothera parviflora)

Die Kleinblütige Nachtkerze oder Ufer-Nachtkerze
ist eine Blume, die im ersten Jahr eine Blattrosette,
im zweiten Jahr eine etwa meterhohe Blütenähre bildet.
Sie siedelt sich gerne auf warmem offenen Boden, in
Gärten, an Wegrändern und auf Schuttplätzen an (Pionierstandorte). Durch die kleineren (ca. 2-3 cm) Blüten
ist sie gut von der viel häufiger zu findenden Gemeinen
Nachtkerze zu unterscheiden, die viel größere (bis 5 cm
Durchmesser) Blüten bildet.

Ihren Namen haben die Nachtkerzen bekommen, weil
sie ihre sonnengelben duftenden Blüten gegen 18 Uhr
abends *für die Nacht* öffnen. Sie tun das mit einer für
Pflanzen überraschenden Geschwindigkeit, die Öff-
nungsbewegung ist mit ein wenig Geduld auch für
Menschen sichtbar. Obwohl es sich der Verstand durchaus erklären kann, daß manche Pflanzen einen Vorteil
daraus ziehen können, nachts zu blühen und von
Nachtschmetterlingen bestäubt zu werden, wider-
strebt dies doch unserem Idealbild einer Pflanze,
in dem das Blühen eindeutig mit Tag und Sonne
verbunden ist.

Diese Eigenart der Nachtkerze sticht hervor und
wird so zum signaturhaften Merkmal dieser Blume, die die Nacht (Dunkelheit/Mond) mit dem
Blühen (gelbe Farbe/Sonne) auf besondere Weise
verbindet.

Tatsächlich war das besondere seelische Erlebnis
für A.B. beim Kontakt mit der Nachtkerze, sich im

Nachtkerze

Widerstreit ihrer „guten", von ihr als positiv akzeptierten Gefühle und Haltungen mit den „negativen", als schlecht abgelehnten Haltungen zu finden. Natürlich möchte sie „gut" sein und ihren Idealen entsprechen, aber was tut sie mit der anderen Seite, die manchmal destruktiv ist, verführbar, bequem und träge? Sie bemerkt, daß sie dazu neigt, diesen „Nachtaspekt" ihres Selbst abzulehnen und daß es ihr zuweilen am liebsten wäre, er wäre gar nicht da. Für sie verbindet sich das auch stark mit der Beziehung zwischen Mann und Frau, einer anderen Ebene des Mond/Sonne-Themas. Die Essenz der Nachtkerze nimmt A. B. als Hilfe wahr, um ihre weibliche mit ihrer männlichen Seite in Harmonie zu bringen, was unmittelbar damit zu tun hat, wie sie als Frau Männer erlebt. Auch da kann eine Person die Rolle des Negativen zugewiesen bekommen und die andere die des Positiven (Männer sind immer/Frauen sind immer...). Die jeweils andere Person bekommt die schlechte Rolle in dem Maße, wie wir selbst das als schlecht Abgelehnte *in uns* ablehnen; wir streiten dann mit dem Gegenüber, *weil wir mit uns selbst uneins sind*. Erst wenn wir zu unserem Hellen auch das Dunkle annehmen und umarmen, werden wir vollständig. Das Gegenüber ist von der Last befreit, für uns eine Rolle übernehmen zu müssen. Aus der Nachtkerze spricht ein Vertrauen in die Vollständigkeit des Menschen, die alles umfaßt – Weibliches und Männliches, Gutes und Böses, Licht und Dunkel. Wir können dieser Ganzheit vertrauen, und es wird uns zum Vertrauen in unsere Mitmenschen führen.

Blütenessenzen aus der Gattung der Nachtkerzen

Kleinblütige Nachtkerze *Oenothera parviflora*   XVII   BAK
  Angst vor den eigenen Schattenseiten; illusionäres „Positivdenken",
seelisches Licht und Dunkel als sinnvoll annehmen; männliche und weibliche Seite
in Harmonie; Vertrauen in sich und andere, Zusammenarbeit.

Evening Primrose, Hookers Nachtkerze *Oenothera hookeri*   FES
  Emotionale Wärme und Präsenz; Fähigkeit, geregelte Beziehungen zu
 schaffen; sich zurückgewiesen und ungewollt fühlen; vergangene Erfahrung des
Mißbrauchs (seelisch oder körperlich), die Vermeidung von Regeln in Beziehungen
verursacht; Angst vor Elternschaft; sexuelle oder emotionale Unterdrückung.

Star Primrose, Stern-Nachtkerze *Oenothera taraxacoides*   DA
  Schlechtes Selbstbild, Selbstverurteilung, Verwirrung über Spiritualität /
Sexualität; unterdrückte Sinnlichkeit, stattdessen Kraft in okkulte, mystische oder
verstandesbetonte Neigungen stecken; Unbeholfenheit; sich ärgerlich oder
grollerfüllt fühlen, dabei äußere Ursachen für negative Gefühle verantwortlich
machen und gleichzeitig diese Gefühle leugnen.

White Desert Primrose, Wüsten-Nachtkerze *Oenothera deltoides*   DA
  Hilft, durch projizierte Bilder und Ideen des Selbst zu durchschauen, um
Formen des Selbstausdrucks zu verwirklichen, die in Harmonie mit dem eigenen
Wesen sind. Selbstvertrauen, das die einzigartigen eigenen Seelenmuster erkennt.

Mit diesen kurzen Beschreibungen wird schon deutlich, daß die seelischen Entsprechungen aller Nachtkerzen um ein gemeinsames Thema kreisen: die Unterdrückung unerwünschter Gefühle und Selbstbilder und ihre Projektion auf andere. Wie schon bei der **Kleinblütigen Nachtkerze** angesprochen, ist darin immer eine Spannung zwischen polaren Gegensätzen eingeschlossen: männlich/weiblich, Spiritualität/Sexualität, Kindsein/Erwachsensein, Ideal/Wirklichkeit. Die Spannung wird gelöst durch ein Vertrauen, das sich der eigenen Vielschichtigkeit öffnet und so hilft, eine „warme", vertrauende Haltung auch der Mitwelt entgegen zu bringen.

XVIII Die Fuchsie (Fuchsia x hybrida)

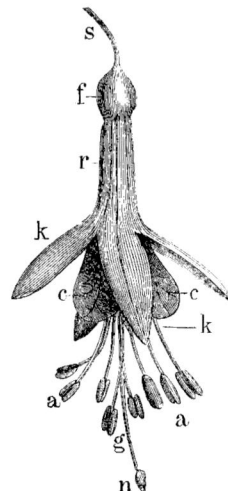

Fuchsia-Blüte

a = *Staubblätter*
f = *Fruchtknoten*
g = *Griffel*
k = *Kelch*
n = *Narbe*
r = *Röhre*
s = *Stiel*

Diese bekannte Zierpflanze ist das Ergebnis von Kreuzungen verschiedener südamerikanischer Wildarten. Die Wildfuchsien mit ihren hängenden tiefschlundigen Blüten werden in ihrer Heimat von Kolibris bestäubt, sind also „Vogelblüten". Bei solchen ist oft die besondere Farbigkeit mit einer Neigung zu Rottönen zu beobachten, wie sie auch die Fuchsien zeigen. Außer den Blütenblättern selbst sind auch die Kelchblätter und der folgende Fruchtknoten farbig. Diese Teile bleiben bei der „normalen" Blüte grün und zeigen deutlich die Grenze zwischen dem „besonderen" Zustand des Blühens und dem „normalen" der grünen Pflanzenteile. Wenn sie sich mitfärben, wie bei den Fuchsien (und bei den oben besprochenen Weidenröschen aus derselben Familie), so ist das ein Zeichen dafür, daß sich das „Blütenhafte" besonders weit in die Pflanze hineinbegibt. Die Blüten wiederum entsprechen dem menschlichen Gefühlsleben, das ist ein Grund, warum gerade *Blütenessenzen* sich als Mittel zur Seelenpflege eignen. Wenn wir also Pflanzen begegnen, bei denen das Blühen tiefer geht, als es zu erwarten wäre, liegt es nahe, auch bei der Blütenessenz nach einem Thema Ausschau zu halten, bei dem Gefühle *tief sitzen* und den Menschen auf verborgene Weise beeinflussen oder sich *am falschen Ort* äußern.

Die Beobachtung einer sich öffnenden Fuchsienblüte gibt da ein schönes Bild: Der farbige Kelch schwillt an, platzt schließlich auf und rollt sich in vier Zipfeln zurück. Dann entfaltet sich die Blütenkrone in einer oft überraschenden Kontrastfarbe. Aus der Krone „schießt" der lange, gerade, weit herausragende Griffel hervor. Damit entsteht das Bild eines Staus, dem auf eine unerwartete Weise Entladung folgt. Dem entspricht dann auch sehr genau die Beschreibung, die von der Fuchsien-Essenz gegeben wird. Sie wird für Menschen empfohlen, die hinter aufgesetzt dramatischen Scheingefühlen verbergen, was sie an wahren Gefühlen unterdrücken. Das kann sich auch in psychosomatischen Leiden äußern – einer anderen Art von *„falschem Ort"*. Die Lösung dieses Seelenzustands findet sich in der Äußerung der wahren, darunterliegenden Gefühle, auf eine Weise, die treffend als *geradeheraus* bezeichnet wird.

Fuchsia, Fuchsie   *Fuchsia x hybrida*   **XVIII**   **FES**
  Gewahrwerden und Verstehen von blockierten Emotionen; für unterdrückte Emotionen, die oft als Spannung, Krankheit und aufgesetzten falschen Gefühlen ausgelebt werden.

Der den Arten der Nachtkerzengewächse gemeinsame Themenkreis läßt sich damit schon gut umschreiben. Diese Blütenessenzen helfen uns, unsere **Gefühle** besser **zu erkennen, statt sie zu verleugnen**, **sie anzunehmen, statt sie zu beurteilen**, und **zu verwandeln, statt sie zu unterdrücken**. Sie unterstützen uns darin, uns als fühlende Wesen zu begreifen und daraus Vertrauen und Lebendigkeit zu schöpfen.

Knöterichgewächse
(Polygonaceae)

Die Familie der Knöterichgewächse hat ihren Namen von den bei ihren Vertretern häufig auffällig verdickten Stengelknoten bekommen. Viele dieser Pflanzen gelten als „Unkräuter" und sind ausgesprochen zäh und lebenskräftig. Sie sind eine Familie mit Neigung zu Pionierstandorten, also rohen Böden, Schutt und Ackerflächen, einige wachsen auch in Sumpf und Wasser. Manche wuchern geradezu: Neben bekannten Garten- und Ackerunkräutern wie dem **Floh-Knöterich** *(Polygonum persicaria)* sind da z.B. der **Schlingknöterich** *(Fallo-*

pia aubertii), ein verholzender Kletterstrauch, der oft an Häuser gepflanzt wird, weil er in unbändigem Wachstum im Jahr leicht drei Meter emporranken kann und so recht schnell manche Betonsünde versteckt. Die **Staudenknöteriche** *(Reynoutria japonica, R. sachaliensis)* ärgern manche Naturschützer, weil sie leicht aus den Gärten entkommen und sich als robuste Neusiedler in der Landschaft breitmachen. Zur Verwandtschaft gehören auch der **Buchweizen** *(Fagopyrum esculentum)*, eine besonders anspruchslose Nahrungspflanze, die auch auf neu urbar gemachten (Moor-) Anbauflächen gedeiht, der Gemüse- wie der **Medizinal-Rhabarber** *(Rheum sp.)* und die ganzen **Ampferarten**.

Die Blüten der Knöterichgewächse sind meist klein und unscheinbar weiß, rosa oder grünlich gefärbt, beeindruckender als sie wirkt oft die Fülle des Blattwerks. Es kann aber doch ein schönes Blütenbild entstehen, wenn sie in dichten Blütenständen zusammengefaßt sind.

XIX Der Krause Ampfer (Rumex crispus)

D ier Krause Ampfer gehört zu den großen Ampferarten, die auf gut (über-) gedüngten Wiesen auffallen, weil ihre derben und oxalsäurereichen Blätter vom Vieh gemieden werden und mit den meterhohen Blütenständen auf den Weiden stehenbleiben, wenn ringsum schon alles abgefressen ist. Er gilt als recht hartnäckiger Gast, wegen seiner rübengroßen Wurzeln treibt er ungerührt nach dem Mähen immer wieder aus, und viele Bauern, die sich das mühsame Ausgraben ersparen wollen, greifen zu Giften, die über die Blätter gestrichen den Wurzeln den Garaus machen. Die Blüten sind unscheinbar gelbgrün. Der Name rührt von den am Rand gekrausten Blättern her.

Vom Krausen Ampfer wurde K.B. bei einem Seminar im Sommer 1993 angesprochen, (ein Beispiel dafür, wie wenig wichtig offensichtliche „Schönheit" bei der Wahl einer Seelenblüte spielt!). K.B. war damals gerade 70 Jahre alt geworden, hatte eine schwere Krankheit durchgemacht und war dabei, ihre ganze Lebens- und Wohnsituation völlig neu einzurichten. Wenn sich ein alter Mensch solch tiefgreifenden Veränderungen aussetzt, taucht schnell das Sprichwort vom *„alten Baum, den man nicht verpflanzt"* auf. Es gilt als ein Zeichen des Alters, steif und unbeweglich zu werden, sowohl körperlich als auch geistig. Im Grund befinden wir uns aber ein Leben lang in der Spannung zwischen den fließenden, anpassenden und den strukturierenden, „verhärtenden" Kräften in uns. Auf der körperlichen Ebene ist das Zusammenspiel der bewegenden Muskeln mit dem harten Knochengerüst ein Beispiel dafür, daß diese Kräfte aufeinander wirken, ja, es erlaubt uns erst zielgerichtete Bewegung. Auf der Ebene des Bewußtseins steht dem erschöpfenden Denken und Tun, der Aktivität des Tages der erholsame Schlaf und der Traum, die Passivität der Nacht gegenüber. Es ist wirklich ein Zusammenspiel, das eine braucht das andere, und es muß ein Gleichgewicht zwischen ihnen bestehen bzw. immer wieder *gesucht* werden. Obwohl nun die einzelnen Personen sehr unterschiedlich veranlagt sein können, beginnen doch im Alter die verhärtenden Kräfte mehr und mehr das Übergewicht zu gewinnen. In körperlicher Hinsicht scheint das fast zwangsläufig so zu sein, in vielen sogenannten Alterskrankheiten stehen die Verhärtungstendenzen, wie z.B. Bewegungseinschränkungen, im Vordergrund (auch K.B.'s vorangegangene Erkrankung kann als „Verhärtungskrankheit" bezeichnet werden). In geistiger Hinsicht scheint die Streubreite viel größer zu sein – neben hellwachen und dem Neuen aufgeschlossenen Alten gibt es auch in Denken und Fühlen weitgehend erstarrte Zwanzigjährige. Dies mag eine Folge unserer ausserordentlich verstandeslastigen Kultur sein. Das Denken selbst ist ja ein verhärtender Prozeß, des-

Krauser
Ampfer

sen Träger, das Nervensystem, das am wenigsten regenerationsfähige und am wenigsten vitalste Gewebe unseres Körpers ist. Der Schlaf, in dem das wache Bewußtsein erlischt, ist für die mit dem Denken verbundenen Abbauvorgänge ein gewisser Ausgleich, der aber doch die Folgen andauernden allzu „trockenen" Denkens nicht ganz aufwiegt. Wird Kindern zu früh zu viel intellektuelles Denken abverlangt, weil es als einzig wertvolle Art des Denkens angesehen wird, leuchtet es ein, daß sie später auch eher zu geistiger Unbeweglichkeit (Überspezialisierung) und zu Verhärtungskrankheiten neigen werden. Tatsächlich ist eine Zunahme von Erscheinungen wie Arterien-"verkalkung" und Krankheiten des rheumatischen Formenkreises in immer früheren Lebensphasen zu beobachten.

Kommen wir zurück zu K.B. und wie sie sich mit dem Krausen Ampfer erlebte. Auch bei ihr wurde es deutlich, wie sie in der angesprochenen Spannung stand, wie ihrer bemerkenswerten Lebendigkeit und ihrem wachen Interesse für Neues die Neigung gegenüberstand, sich in alten Gefühlen und Verhaltensweisen festzufahren. Schon ihre vorangegangene Erkrankung hatte sie darauf hingewiesen und sie zu neuen Ansätzen bewegt, und mit ihren Plänen stellte sie sich der Herausforderung, mit neuen Situationen und jungen Menschen zurechtzukommen. Mit dem Ampfer wurde ihr bewußter, worin die Herausforderung für sie bestand, und das war vor allem, *beweglich zu bleiben.*

Sie hat sich dieser Herausforderung gestellt. Auch wenn sie es damals noch nicht druckreif formulieren konnte, worin die besondere Qualität des Ampfers besteht, empfand sie die Einnahme seiner Blütenessenz als große Erleichterung. Ganz auffallend war die wachsende Lockerheit, mit der sie ihre Ansichten und Möglichkeiten ausdrückte. Eine stetige Redewendung in den Briefen in der Zeit danach war: *„wenn es so nicht geht,* *dann geht es eben anders ...*". Die jüngste Nachricht von ihr ist, daß sie an einer längeren Ausbildung für eine besondere naturheilkundliche Methode teilnahm.

Das hier vom Krausen Ampfer umschriebene Thema hat sich noch aus einer anderen Quelle bestätigt. In einem schon einige Jahre alten Brief von W.B. (einer früheren Kursteilnehmerin), auch eine überaus lebendige ältere Frau von beispielhafter geistiger Frische, fand sich die folgende Geschichte über den „Großen- oder Pferde-Ampfer" (genaue botanische Bezeichnung fehlt, es dürfte sich um den Krausen- oder den **Stumpfblättrigen** *(Rumex obtusifolius)* **Ampfer** handeln, jedenfalls eine sehr nahe verwandte Art). Im Licht von K.B.'s Erlebnis wurde erst klar, wie gut W.B. die seelische Entsprechung des Ampfers getroffen hat, doch auf ihre eigene und ganz eigene Art und Weise:

„Seit einigen Jahren bekämpfe ich den Großen Ampfer auf meiner Weide mit Mähen, Wurzeln ausgraben und mit Blütenrispen abschneiden. Statt weniger wurde es aber immer mehr, und ob dieser Arbeit bei zwei Hektar Weideland war ich im Sommer am Ende meiner Kräfte. Während des Abschneidens wurde ich immer verzweifelter über die nicht endenwollende Arbeit und den Zeitaufwand, und ich begann den Ampfer richtig auszuschimpfen. Bei der nächsten großen Rispe hörte ich plötzlich eine Stimme in mir. 'Sieh mich an, ich bin unerschütterlich in meiner Aufgabe zu wachsen, schau Dir Deine Machtlosigkeit an! Versöhne Dich mit mir, und ich helfe Dir, Deine starren Verhaltensmuster aufzubrechen, damit es wieder fließen kann'. Ich war wie vom Donner gerührt und der Frust dem Großen Ampfer gegenüber verwandelte sich in tiefe Scham und macht sich in einem Strom von Tränen Luft. Am nächsten Blütentag[59] habe ich mich mit ihm ausgesöhnt und eine Essenz gemacht. Inhalt: Bricht festgefahrene Verhaltensweisen und Einstellungen auf, lockert Verbissenheit auf. "

Dies ist ein außerordentliches Beispiel für präzise intui-

Stengelknoten des Knöterich

tive Einsicht und „schnelle Übersetzungsarbeit". Derartiges kann besonders dann vorkommen, wenn, wie in W.B.'s Fall, die Situation schon dramatisch zugespitzt ist. In solchen Situationen wird auch die Reaktion auf die Einnahme von Blütenessenzen oft viel deutlicher bewußt.

Wenn wir uns nun mit diesem Wissen in der Knöterichverwandtschaft umschauen, finden wir das Thema *Auflösung von Verhärtungen* an allen Ecken und Enden wieder:

Schon die Signatur der betonten Stengelknoten, die für die Familie namensgebend ist, weist in diese Richtung. Wenn wir den Sproß einer Pflanze als ausdehnende Bewegung ansehen, ist der Knoten die der Bewegung folgende Stockung. Der Wachstumsbewegung folgt eine Pause, die als verdickte und verhärtete Stelle erscheint. Bei den Knöterichgewächsen ist sie besonders betont (z. B. auch durch eine vom Blatt ausgehende, den Stengel umfassende Röhre, wird aber auch immer wieder überwunden. Es entstehen dabei also keine gedrungenen Gestalten, wohl aber häufiger solche, die nacheinander, rhythmisch vielfach wiederholt und ohne merkbare Veränderung, immer wieder die gleiche Figur Stengelglied – Blatt – Knoten hervorbringen.

Andere Anhaltspunkte ergeben sich aus dem Gebrauch verschiedener Arten. Aus dem **Buchweizen** wird ein Stoff namens *Rutin* gewonnen, der bei Arteriossklerose (= Verhärtung der Blutgefäße) eingesetzt wird. Der **Staudenknöterich** wird inzwischen intensiv gezüchtet, weil er fähig ist, schwermetallverseuchte Böden zu reinigen, indem er besonders Blei und Kadmium herauszieht und in sein Gewebe einlagert. (Die Pflanzen werden dann abgeschnitten und verbrannt, die Asche enthält das konzentrierte Schwermetall). Die Wurzel des **Medizinalrhabarber** *(Rheum palmatum, R. officinale)* war eine der „blutreinigenden" Mittel der alten Medizin, die zum Zwecke der Ausleitung schädlicher Säfte gebraucht wurden. Er wurde und wird nicht nur bei Verstopfung („Hartleibigkeit") eingesetzt, sondern ist als Bestandteil alter Stärkungsmittel wie dem *Theriak* auch mit der Erwartung verwendet worden, den Gebrechen des Alters entgegenzuwirken. Zum Abführen wurden früher(!) im übrigen auch die Wurzeln des **Krausen Ampfers** genommen, die ähnliche Inhaltsstoffe enthalten.

Jetzt wird es nur noch wenig überraschen, daß auch alle Menschen, die sich mit anderen Blütenessenzen aus der Knöterichfamilie beschäftigt haben, zu Themen gelangt sind, die von *Beweglichkeit, Veränderung, Reinigung* und *Befreiung* sprechen.

Blütenessenzen aus der Familie der Knöterichgewächse

Krauser Ampfer *Rumex crispus* XIX   BAK
  Festgefahrene und verhärtete seelische Zustände und Verhaltensmuster; Gefühl der Auswegslosigkeit, Machtlosigkeit, Verzweiflung, bringt Kräfte zum Fließen, löst und befreit.

Wild Rhubarb, Wilder Rharbarber *Polygonum alaskum*   AFP
  Geistige Beweglichkeit, reinigt die Verbindung zwischen Herz und Verstand.

Schlangenknöterich, Bistort *Polygonum bistorta* XX   IF
  Bei nachtragenden, ruhelosen, haßerfüllten Impulsen; bei der Unfähigkeit, alten Ärger loszulassen, fördert die Konzentration auf das jeweilige Thema und alte unerledigte Geschäfte loszulassen, reinigt das Herz und ermöglicht Veränderung.
  Schutz für jene, die dazu neigen, selbstzerstörerische Handlungen während einer   BFE
  Periode großer Veränderungen vorzunehmen; Sicherheit in Transformationsprozessen.

Schlingknöterich *Fallopia aubertii* XVIII   BAK
  Festhalten an (überzogenen) Ambitionen, die das Leben zu ersticken drohen; Freiheit, die zu tun erlaubt, was immer die Situation erfordert.

Schmetterlingsblütler
(Fabaceae)

Die Schmetterlingsblütler treten in vielen Gestalten auf – als einjährige Kräuter, Stauden, Büsche, krautige und holzige Kletterpflanzen und auch als Bäume. Trotzdem sind sie leicht als Mitglieder einer Familie zu erkennen, weil ihre Blüten eine ganz eigenartige Umgestaltung zeigen. Von den fünf Blütenblättern ist eins vergrößert und weist nach oben, die *Fahne*, zwei stehen seitwärts, die *Flügel*, und zwei stehen nach vorne und sind miteinander verwachsen, das *Schiffchen*. Typisch für viele Arten sind auch die hülsenförmigen Früchte ähnlich denen von Bohne oder Erbse. Die Blätter sind oft gefiedert, d.h. in Teilblättchen aufgelöst, bei den zahlreichen kletternden Mitgliedern der Familie sind sie z.T. in Halteorgane (Blattranken) umgewandelt. Weniger offensichtlich ist eine Gewohnheit der Wurzeln vieler Schmetterlingsblütler, mit bestimmten Bakterien in Symbiose zu treten. Diese leben in von den Wurzeln ausgebildeten Knöllchen (sie sind an Kleewurzeln als kleine weiße Kügelchen zu erkennen) und können den Stickstoff der Luft so binden, daß die Pflanze ihn aufzunehmen vermag. Schmetterlingsblütler werden deshalb auch viel zur Bodenverbesserung in der Landwirtschaft eingesetzt.

  Eine andere Eigenart ist der Eiweißreichtum der Pflanzen dieser Familie, der zur vielfältigen Verwendung als Futter und zur menschlichen Ernährung geführt hat, wie bei der **Bohne** *(Phaseolus vulgaris)*, der **Erbse** *(Pisum sativum)*, der **Linse** *(Lens culinaris)*, und der **Sojabohne** *(Glycine soja)*. Eine so reiche Bildung von Eiweiß ist im Grunde etwas dem Wesen der Pflanze Fremdes. Eine „normale" Pflanze, d.h. eine, die in dieser Hinsicht mit unserem inneren Idealbild übereinstimmt, lebt in Kohlenhydraten wie Zucker, Stärke und Zellulose, durch die nur Pflanzen eigene Fähigkeit, solche Stoffe aus dem Sonnenlicht, Luft und Wasser aufzubauen. Natürlich enthält jede Pflanze auch Eiweiß, aber eben verglichen mit Tieren sehr wenig. Sie braucht es, um für Umwelteinflüsse empfänglich zu sein. Wesentlich anders das Tierreich, das mit eigener Seele und Empfindung begabt ist. Das Tier lebt aus einem Körper, der *vorwiegend* aus Eiweiß aufgebaut ist und so als

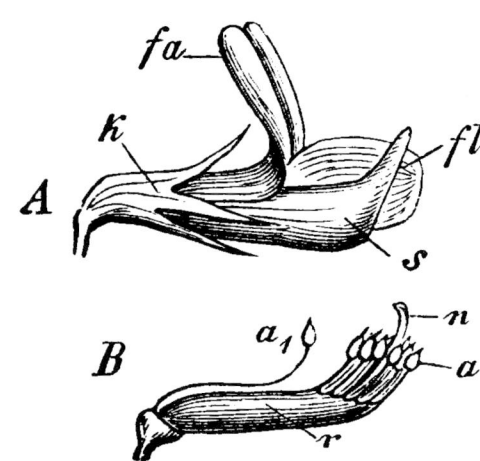

Träger und Ausdruck eigener Empfindung dienen kann. Ein Wesensunterschied besteht also darin, daß Pflanzen passiv auf äußere Bedingungen reagieren, während Tiere die Bedingungen verinnerlichen und mit eigener Empfindung auf sie antworten. Dies drückt sich z.B. in der Fähigkeit zur Bewegung aus, wie in der aktiven Atembewegung der Tiere; die Pflanzen dagegen nehmen nur an, was ihnen der Luftstrom zuweht.

Aus diesen Überlegungen (sie folgen Darstellungen, die *Rudolf Steiner* gegeben hat und die in der sog. *goetheanistischen Naturwissenschaft*[58] weiterentwickelt wurden) müßten wir bei einer Familie, die wie die Schmetterlingsblütler zur Anreicherung von Eiweiß neigen, auch andere „tierähnliche" Signaturen finden. Das ist tatsächlich so. Hier nur einige von vielen möglichen Beispielen:

Viele Arten der Familie zeigen eine ungewöhnliche *Beweglichkeit*. Gut zu beobachten ist das bei den Sproßspitzen mancher rankender Gewächse und bei den wechselnden Blattstellungen der **Robinie** *(Robinia pseudoacacia)* im Laufe des Tages. Berühmt ist dafür die **Mimose** oder Sinnpflanze *(Mimosa pudica)*, strenggenommen kein enges Familienmitglied, doch nahe verwandt. Sie ist durch die ausgeprägte Empfindlichkeit bekannt

Schmetterlingsblüte:

a = *Antheren*
a¹ = *das freie Staubblatt*
fa = *Fahne*
fl = *Flügel*
k = *Kelch*
n = *Narbe*
r = *Staubblätterröhre*
s = *Schiffchen*

geworden, mit der sie auf Berührung reagiert und schnell ihre Fiederblättchen zusammenklappt. Gerade bei derartig „rührigen" Pflanzen wird es sehr deutlich, wie stark es unserem inneren Maßstab für Pflanzen zuwiderläuft, sie sich bewegen zu sehen. Nicht umsonst sind „tierhafte" Pflanzen mit schlingenden Tentakeln und gefräßigen Schlünden eine vielgebrauchte Zutat von Horrorgeschichten, immer dafür gut, kalte Schauer zu erzeugen.

Ganz merkwürdig ist auch das Vorkommen von rotem Blutfarbstoff bei einigen Bohnenarten. Natürlich hat dies für die betreffenden Pflanzen keinen Zweck, schließlich haben sie ja kein Blut und brauchen auch keines. Es handelt sich dabei also um eine Art Stoffwechselschlacke, die sie irgendwo ablagert, während ein Tier sie aktiv ausscheiden würde. Ähnliches gilt für die bei den Schmetterlingsblütlern gehäuft auftretenden Wirkstoffe, die im Stoffwechsel von Mensch und Tier sehr deutliche Veränderungen hervorrufen – von heilend bis störend bis tödlich vergiftend. Bereits die Gartenbohne enthält in rohem Zustand einen Stoff, der die *Eiweißverdauung*(!) stört. Für den Stoffwechsel der Pflanze sind das aber Endprodukte und ohne weitere Bedeutung.

Das alles ist so ausführlich dargelegt worden, weil es einen deutlichen Bezug zur Thematik der Blütenessenzen von den Schmetterlingsblühern gibt. Wie diese Familie ein Stück weit von tierischen Einflüssen überwältigt wird, zeigt sich in den seelischen Entsprechungen der Blütenessenzen: *Überwältigung oder Besetzung mit Gefühlen*. Oft sind das Gefühle, die von anderen Menschen herüberschwappen, von Menschenansammlungen oder nahestehenden Personen. Sie können aber auch auf alte Erfahrungen zurückgehen, die sich so eingeprägt haben, daß sie keinen Raum für andere, neue Empfindungen mehr lassen, kaum abzuschütteln sind und am klaren Denken hindern.

Der Weiße Klee (Trifolium repens) XIX

Der Weiße Klee gehört zu den Pflanzen, die (fast) überall wachsen und trotzdem – oder vielmehr genau deswegen – kaum wahrgenommen werden. Er findet sich auf Wiesen und Weiden, auf Sportplätzen und an Wegrändern, wo er auch ständiges Niedertreten gut erträgt. Sein Stengel kriecht (*repens* = kriechend) weit herum und schlägt aus jedem Knoten Wurzeln, so daß eine einzige Pflanze schnell eine große Fläche bedecken kann. Die zahlreichen länglichen weißen Blüten stehen wie bei vielen Kleearten in dichten, in seinem Fall runden, Köpfchen zusammen; nach der Blüte verfärben sie sich bräunlich und hängen nach unten. Er bildet auch die typischen Kleeblätter, die sich aus drei eiförmigen Teilblättchen zusammensetzen.

Vom Weißen Klee wurde T.E.M. angesprochen, als sie darunter litt, wie sie es sagte, *„ihr Selbst zu wenig zu leben"*. Sie befand sich in einer recht angespannten Verfassung, weil sie sich vieler eigener Wünsche bewußt wurde, die dem Selbstbild widersprachen, das sie so lange gelebt und anderen gezeigt hatte. Dramatisch wurde ihr inneres Leid, als sie sich, in einer Ehe lebend, in einen anderen Mann verliebte. Sie empfand die starke Angst, aus der Rolle zu fallen und auf unschöne Art auffällig zu werden. Bezeichnenderweise entwickelte sie in dieser Zeit einen Herpes-Ausschlag, von dem sie die Befürchtung äußerte, insbesondere *die anderen* würden ihn als häßlich empfinden. Sie meinte vor der Wahl zu stehen, entweder unauffällig, aber im Widerspruch zur eigenen Natur zu sein, oder das Eigene auszudrücken, damit aber in den Augen der anderen unangenehm aufzufallen.

R.M.'s erster Eindruck von der Hilfe, die der Weiße Klee ihr geben könnte, war *„er kläre die Augen"*. Das hat sich im Lauf der Zeit als schönes Bild für eine Eigen-

Weißer Klee

schaft der Blütenessenz erwiesen: zu lernen, was echter Ausdruck unserer Individualität ist und was uns andererseits nur durch die Brille der Anpassung so erscheint. Diese Brille macht unsere Augen zu Chamäleonaugen – welche „Farbe" auch immer unsere Umwelt passend erscheinen läßt, wir wählen sie uns und versuchen so zu erscheinen. Über die folgenden Monate, in denen R. M. weiter die Blütenessenz des Weißen Klees nahm, schrieb sie später: *„Ich traue mir mehr zu. Ich kann besser zu meinen Entscheidungen stehen und verstecke mich nicht".* Sie fand einen Weg, die tiefempfundene Verpflichtung ihrer Ehe mit ihrer neuen Liebe zu vereinbaren, einen Weg, der Ausdruck *ihres* Selbst war. Das hat sich z.B. dadurch gezeigt, das auch ihr Herpesausschlag abheilte. Noch einen neuen Ausdruck brachte sie in ihr Leben: Sie färbte sich die Haare. Das war etwas, das sie sich schon lange gewünscht, aber nicht getraut hatte, denn *„was würden denn die anderen dazu sagen?"* Sie schreibt weiter: *„Aber ich habe mir auf einmal gedacht - was mein Selbst ausmacht, sind nicht meine grauen Haare, sondern andere Qualitäten. Zuerst gefiel ich mir gar nicht, aber jetzt habe ich mich damit angefreundet und frage mich jetzt, wie ich überhaupt so lange so trist herumgelaufen bin …".* Und noch ein anderer schöner Satz steht in dem Brief, der viel vom Weißen Klee offenbart: *„Mehr Farbe ist in mein Leben gekommen".*

Unabhängig von dieser Geschichte ist dem Autor noch eine andere Beschreibung der seelischen Entsprechung des Weißen Klees zugegangen, die S.E. in selbständiger Arbeit erstellt hat. Sie wird hier vollständig wiedergegeben als ein weiteres Beispiel dafür, wie der seelische Ausdruck einer Pflanze von verschiedenen Menschen übereinstimmend wahrgenommen wird.

„Weißer Klee - für Menschen, die sich unscheinbar, unauffällig verhalten; die sich in den Schatten anderer stel-

len und somit die Meinung des Kollektiven vertreten, die der Norm entspricht. In der Regel sind diese Menschen bereits an der Kleidung zu erkennen, die auch unscheinbar, etwas fade wirkt (dunkle Farben): **Angst vor Individualität**. Wenn sich diese Menschen allerdings in einer Gruppe befinden, in der auffälliges Verhalten die Norm ist, erscheinen sie eher in Kleidung und Auftreten übertrieben individuell. Diesen Menschen fehlt die Fähigkeit, sich als etwas Besonderes zu sehen und sich auch mal etwas ganz Besonderes zu gönnen. Das erfordert allerdings Bewußtheit, Zeit, Aufwand, Energie. Ein Merkmal dieses Typs ist oft die Ausrede, keine Zeit bzw. zuviel Arbeit zu haben. Damit wollen sie natürlich nur umgehen, mal aus dem Rahmen zu fallen und die Norm zu verlassen.

Roter Klee

Durch diese Unehrlichkeit zu sich selbst und anderen entsteht Verwirrung, wie es das Auge beim Betrachten einzelner Kleeblüten auf der Wiese erlebt. "

Mit dem Weißen Klee hat sich eine weitere Seite der seelischen Entsprechung der Gattung Klee offenbart. Die erste Klee-Essenz stammt vom **Roten Klee** *(Trifolium pratense)* und wurde, obwohl die Art eurpäischer Herkunft ist, von der kalifornischen FES erforscht. Sie ist eine Hilfe, besonders bei *Massenängsten* und *Massenpanik*, die sich im Gefühlskörper festgesetzt haben (ein drastisches Beispiel für das Vorherrschen einer solchen Stimmung waren die Monate nach der Explosion des Atomreaktors in Tschernobyl). Die dritte Essenz aus der Gattung ist der **Hasenklee** *(Trifolium arvense)*, der die *Angst, nicht gut genug zu sein,* anspricht. Alle drei Arten sprechen Ängste an, die mit einer gewissen sozialen Enge zusammenhängen und zeigen in ihren dichtgepackten Blütenständen auch ein Bild dafür.

Hasenklee

Blütenessenzen aus der Familie der Schmetterlingsblütler

Weißer Klee *Trifolium repens* XIX   BAK
  Unauffälliges, angepaßtes Verhalten, Angst vor Individualität; Mut, die
eigene Schönheit und Eigenart auszudrücken.

Red Clover, Roter Klee *Trifolium pratense* XX   FES
  Bei Ansteckung durch Massenängste, für Gelassenheit inmitten von
Gruppendynamik und Hysterie, läßt mehr aus dem eigenen Sein als aus
Gruppen- oder Massenbewußtsein handeln.

Hasenklee *Trifolium arvense* XXIII   BAK
  Bei Überbewertung äußerer Maßstäbe und der Furcht, nicht gut genug
zu sein, möchte Eindruck machen; in sich geborgen sein und Mut, die innere
Wahrheit anzunehmen und danach zu leben.

Gorse, Stechginster *Ulex europaeus* XXI   BACH
  Haften an negativen Gefühlen und Erwartungen; hilft Hoffnung zu entwickeln,
Öffnung für positive Erfahrungen.

Scotch Broom, Besenginster *Sarothamnus (Cytisus) scoparius*   FES
  Um Hindernisse als Gelegenheiten anzusehen, daran zu wachsen und der
Welt zu dienen; besonders bei dem Gefühl der drohenden Apokalypse, welche
die Seele verdunkelt und belastet.

Die Art der besetzenden Gefühle ist bei den hier angeführten Essenzen ganz unterschiedlich: bei den **Kleearten** ist es *Angst*, beim **Ginster** *Hoffnungslosigkeit*, bei
der **Platterbse** eine Empfindung der *Isolation*, *Abhängigkeit* bei der **Vogelwicke**, *Groll* bei der **Robinie**, *Unsicherheit über die eigenen Gefühle* bei der **Esparsette**.
Gemeinsam ist ihnen das Leiden daran, *von diesen Gefühlen gelebt zu werden* und ihnen ausgeliefert zu sein.
Die Lösung kann sich aus der Einsicht in das entwickeln, was hier eigentlich vor sich geht: Wer *bemerkt*,
von einer Massenemotion mitgerissen worden zu sein
oder von einem alten Gefühl beherrscht zu werden, ist

Sweet Pea, Breitblättrige Platterbse *Lathyrus latifolius* XXII   FES

  Für soziale Verbundenheit und Wurzeln in einer Gemeinschaft, besonders bezüglich des Gefühls, Teil einer Familie oder Gemeinschaft zu sein; Verantwortungsbereitschaft, für isolierte Einzelkämpfer.

Blue Lupin, Blaue Lupine *Lupinus rivularis* XXI   PE

  Für klares und präzises Denken, Konzentration.

Vogelwicke, Tufted Vetch *Vicia cracca* XXIV   BAK

  Unterstützt den inneren Halt; zu seinen Gefühlen stehen und alte Gefühle loszulassen; bei emotioneller Abhängigkeit.

  Sexuelle Probleme infolge von falschem sexuellen Selbstbild –   BFE
normalerweise durch Konditionierung in der Kindheit verursacht.

Robinie, Scheinakazie *Robinia viscosa* XXIII   BAK

  Hilft bei der Aufarbeitung alter Gefühle wie Verletzung oder Groll; tiefes Erkennen, Humor, Weisheit; Unabhängigkeit von äußeren Einflüssen.

Esparsette *Onobrychis viciifolia* XXII   BAK

  Hilft, in Gruppenprozessen die eigene klare Linie zu finden und auszudrücken, unterstützt Toleranz; bei der Neigung, sich aus Unsicherheit aus Gruppen zurückzuziehen.

schon einen großen Schritt weiter. Er führt zu der Frage *„wo stehe ich jetzt?"*. Wir gewinnen damit eine zunehmende Übersicht, die uns zu unterscheiden hilft, was eigenes, authentisches, gegenwärtiges Gefühl und was Gespenster sind, die uns aus der Gefühls-"Wolke" anderer Menschen oder der Vergangenheit befallen. *„Ich habe Gefühle, aber ich bin mehr als meine Gefühle"* ist ein Satz aus der *Psychosynthese*, der diese Fähigkeit anspricht. Das damit angesprochene „Mehr" ist neben unserem Körper unser Verstand, unser spirituelles Wesen. Wenn die Gefühle wieder in diesen Gesamtzusammenhang der menschlichen Individualität einbezogen werden, kommen sie wie die anderen Teilaspekte zu ihrem Recht, verlieren aber ihr zwanghaftes Übergewicht. Zu einer solchen *Ordnung der Gefühle* beizutragen, ist die besondere Qualität der Blütenessenzen von den Schmetterlingsblütlern.

Korbblütler (Asteraceae)

Die Korbblütler sind eine sehr große, weitverbreitete und vielgestaltige Familie. Sie umfaßt etwa 800 Gattungen mit etwa 13.000 Arten und stellt alleine den zehnten Teil aller Blütenpflanzen. Sie sind in gewisser Weise eine ganze Pflanzenwelt für sich und bei weitem schwieriger zu überblicken als die anderen hier besprochenen Familien. Die meisten Korbblütengewächse sind Stauden oder einjährige Kräuter. Die Blüten dieser Familie sind in einer besonderen Weise aufgebaut, die ihnen auch den Namen eingebracht hat. Es stehen bei ihnen die einzelnen Blüten so zusammen, daß sich aus der Vielzahl der Eindruck einer Ganzheit ergibt, die als „Überblüte"[59] bezeichnet werden kann. Viele Menschen sind sehr erstaunt, wenn sie bei genauerer Betrachtung gewahr werden, daß z.B. die Blüte des Löwenzahns *(Taraxacum officinale)* aus hunderten gleichartigen Einzelblüten besteht, die strahlenförmig um eine Mitte angeordnet sind. Erstaunlich sind auch Blüten wie die des Gänseblümchens *(Bellis perennis)*, bei dem auf den ersten Blick die äußeren weißen Zungen als Kronblätter wahrgenommen werden und das innere Gelbe als Staubgefäße, eben wie wir das von anderen Blüten gewohnt sind. Es sind aber nicht die einzelnen Organe *einer* Blüte, was wir da sehen, sondern wieder eine Vielzahl von Blüten, die sich so geordnet haben, daß sie diesen Eindruck erwecken. Dazu sind beim Gänseblümchen die außenstehenden weißen Blüten zu

Schmuckblüten (Zungenblüten) entwickelt, während die gelben inneren Blüten (Röhrenblüten) unscheinbar und klein sind. Bei Korbblütlern, die solche Schmuckblüten entwickeln, werden diese oft unfruchtbar, beschränken sich also auf diese Aufgabe. Die Einzelblüte ordnet sich damit in Aussehen und Funktion einem Gesamtbild unter, die Korbblütler *integrieren* ihre Blüten zu einer neuartigen Einheit. Ordnung spricht auch aus der mathematisch regelmäßigen Anordnung der inneren Blüten in Kreisen und Spiralen, wie sie besonders gut auf der Blütenscheibe der Sonnenblume zu beobachten ist. Damit wird verständlich, warum Richard Katz die Begriffe *Integration* und *Synthese* als Familienthema der Korbblütleressenzen vorschlägt.[60]

Ein Beispiel dafür, was Integration als Qualität einer Blütenessenz bedeuten kann ist die Sonnenblume.

Korbblütler

A = Löwenzahn-
      Blüte
B = Schafgarbe-
      Blüte
C = Schnitt
D = Frucht der
      Margerite
E = Frucht des
      Löwenzahns
F = Frucht der
      Scharfgarbe

c = Krone
d = Deckblätter
f = Frucht,
     - knoten
h = Schnabel
i = Involocrum

m = Zwitter-
      blüten des
      Mittelfeldes
n = Narbe
n' = Narben der
      weibl.
      Randblüte
p = Pappus
ra = Randblüte
s = Staubblätter

XXIV Sonnenblume (Helianthus annuus)

Die einjährige Sonnenblume kam aus Amerika nach Europa, wo sie häufig als Zierpflanze und zur Gewinnung ihrer ölreichen Früchte angebaut wird. An sich schon eine prächtige Blume, hat sie durch menschliche Kultivierung noch bedeutend an Größe hinzugewonnen. Kräftige Einzelpflanzen erreichen leicht eine Höhe von drei Metern, die Blütenscheibe einen Durchmesser von dreißig Zentimetern. Der Gebrauch als Blütenessenz begann ebenfalls in Amerika (FES in Kalifornien).

Im Namen „Sonnenblume" drückt sich schon aus, daß die Menschen ihre sonnenhafte Signatur sehr deutlich wahrgenommen haben – die große runde Blüte mit den strahlend gelben Randblüten, das Sichwenden nach dem Tageslauf der Sonne. Als Korbblütler erweckt sie ihren sonnenartigen Eindruck durch die Gemeinschaft vieler Hundert Einzelblüten, jede der gelben Randstrahlen ist eine Blüte für sich, ebenso wie die regelmäßig angeordneten braunen Scheibenblüten. Einige religiöse Gruppen in Amerika haben sich die Sonnenblume als Symbol gewählt, weil sie in ihr eine Darstellung ihrer Gemeinschaft sehen: Wir kommen zusammen (viele Einzelblüten), um ein Ganzes zu bilden (Überblüte), das sich auf Gott ausrichtet (sonnenfolgend).

Für die seelische Entsprechung der Sonnenblume liegt es nahe, sie also auf der „sonnenhaften" Seite der menschlichen Persönlichkeit zu suchen. Dies sind besonders die Aspekte des Selbstausdrucks, die warm, strahlend und bewußt (hell) sind, aktiv und dominant. Sie umfassen damit viel von dem, was wir als *Ego* bzw. *männlich*. bezeichnen. Besonders deutlich wird das, wenn wir der Sonne den Mond gegenüberstellen, der Eigenschaften darstellt wie kühl, reflektierend (passiv), unbewußt, wechselnd und der damit eine Darstellung von Aspekten ist, die dem *Gefühl* bzw. dem *Weiblichen* nahestehen. Tatsächlich wird das Thema der Sonnenblumenessenz oft in der Form von Geschlechterrollen gelebt. Während Männer mehr von der sonnenhaften Seite kommen, und darin auch vom anerkannten Männerbild unterstützt werden, es geradezu von ihnen gefordert wird, gilt das Übergewicht des Mondhaften als die traditionelle Frauenrolle. Natürlich tragen alle Menschen beide Prinzipien in sich und streben nach einer die beiden verbindenden Entwicklung, nur die Ausgangslage ist gewöhnlich unterschiedlich. Darum gilt all dies natürlich ebenso für jedes einzelne Individuum abseits seiner Geschlechterrolle – ihre Sonne angemessen zum Ausdruck zu bringen, beschäftigt die meisten Men-

Sonnenblume

schen ihr Leben lang. Die Sonnenblume spricht (bei Männern und Frauen) die zwei Seiten einer unausgeglichenen Ego-Entwicklung an – das Ego auf eine Weise zu leben, die den Selbstausdruck der anderen behindert, oder den Raum nicht auszufüllen, den jeder Mensch braucht, um mit sich in Einklang zu sein. Die ersteren sind zu *egoistisch*, die anderen haben *Angst, zu egoistisch zu sein.*

Eine andere Seite des Sonnenthemas ist das Verhältnis zum Vater. Am Beispiel des Vaters lernen wir zuerst, was Männlichkeit bedeutet und üben das für unser Leben ein. Das gilt auch für die damit verbundenen Konflikte, die dann noch lange fortbestehen können, auch wenn der reale Vater in unserem Leben keine Rolle mehr zu spielen scheint. Konflikte mit dem Vater sagen oft mehr darüber aus, wie es mit dem Ausdruck unserer eigenen Sonnen-Seite steht, als über die reale Person unseres Vaters.

Ein Beispiel dafür ist ein Mann (D.T.), der vor einiger Zeit mit der Sonnenblume Kontakt aufnahm. Er war völlig unbelastet von Vorwissen über die Beschreibung, die die kalifornische Flower Essence Society von der Sonnenblume gegeben hat. Während er die Aufgaben ausführte, die zur Unterstützung der Kontaktaufnahme bei einer solchen Gelegenheit hilfreich sind (Zeichnen und Beschreibung der Blume usw.), entwickelte sich ein bizarrer Kampf zwischen der Sonnenblume und ihm. Seine humorvoll vorgetragenen Zwischenberichte lösten große Heiterkeit in der Gruppe aus, aber es war eine Tragikkomödie mit mehr als einem Hauch von Verzweiflung. So kostete es ihn schier unglaubliche Anstrengung und Aufwand, wenigstens einen Blick in die Blüte werfen zu können (sie wuchs an einem Hang), und es schien ihm, sie wolle sich verweigern und sich immerzu von ihm abwenden. In dem ganzen Erlebnis offenbarte sich dann aber einer der sinnvollen Zufälle, die bei solchen Anlässen so häufig auftreten. Dies wurde klar, als D.T. mehr von seinem Leben erzählte: Er lebte damals, gut fünfzig Jahre alt, noch bei seinen Eltern. Als kleinem Kind war für ihn sein Vater (auch kriegsbedingt) kaum greifbar gewesen, wenn überhaupt, dann in der Forderung einer unmenschlichen Disziplin. Jetzt lebte er mit ihm zusammen und kämpfte auf eine Art mit ihm, die seiner Auseinandersetzung mit der Sonnenblume in vieler Hinsicht glich, vor allem verweigerte er es, dem Männerbild seines Vaters nachzueifern. Je mehr der Vater drängte, doch endlich selbständig zu werden und sich in der Welt durchzusetzen, desto weniger gelang das D.T., auch wenn er selbst sehr darunter litt.

Durch die Sonnenblume wurde ihm klarer, wie die gegenseitige Verweigerung, die ihn mit seinem Vater verband, mit seiner gehemmten Selbstverwirklichung zusammenhing. Er begann auch einzusehen, was es mit seiner unbefriedigenden beruflichen Situation auf sich hatte, in der mehrfach Menschen versucht hatten, sich auf seine Kosten zu bereichern. Er hat damit verwirklicht, was eine wesentliche Qualität der Sonnenblume ist: die Ego-Kräfte in die Gesamtpersönlichkeit einzubeziehen (zu integrieren) und als dann ausgeglichenes Individuum mit anderen Menschen umzugehen.

Manche Fachleute sagen voraus, daß die Korbblütler eine große Rolle in der Medizin der Zukunft spielen werden. Was die Blütentherapie betrifft, gibt das Seelenthema der Sonnenblume schon einen Anhaltspunkt dafür, warum gerade die Kräfte dieser Familie für die zukünftige Entwicklung hilfreich sein könnten. Die Menschen unserer Kultur sind inzwischen weit fortgeschritten in der Entfaltung einer eigenständigen Persönlichkeit und der damit einhergehenden Ablösung aus verbindlichen und selbstverständlichen Gemeinsamkeiten mit anderen. Natürlich führt das zu bestimmten Konflikten, weil nun jeder selbst einen Ausgleich finden muß zwischen den persönlichen Interessen und dem ei-

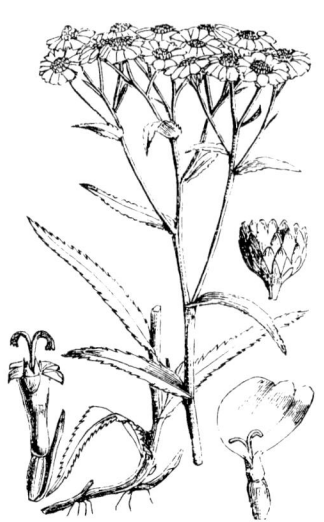

Sumpfschafgarbe

genen Vorteil auf der einen und der Zusammenarbeit mit anderen auf der anderen Seite, was Rücksicht und freiwilliges Annehmen von Gemeinsamkeit erfordert. Auseinandersetzungen dieser Art sind überall zu beobachten, ob in der Familie, wie beim vorigen Beispiel, oder in der Art, wie gesellschaftliche Gruppen um Vorteile rangeln. Solcherart Konflikte führen leicht zu Abspaltung und Isolation – was auf der persönlichen Ebene der Single-Haushalt ist, erscheint auf der politischen als Unabhängigkeitsbewegung. Das langsame Zerbröseln und sogar die explosive Zerstörung mancher alter menschlicher Verbindungen scheint mindestens ebenso eine Signatur des beginnenden *Wassermann-Zeitalters* zu sein wie die Schaffung neuer Gemeinschaften und Gemeinsamkeiten. Dies hat auch damit zu tun, daß viele der alten Zusammenhänge auf Ungleichheit und Ungerechtigkeit beruhen, die dem erwachenden eigenständigen Bewußtsein zuwider sind. Was sich an neuen Lösungsmöglichkeiten abzeichnet, beruht darauf, nach Wegen zu suchen, die Interessen aller Beteiligten *anzuerkennen* und in ein gemeinsames Interesse zu *integrieren*. Damit berühren wir den zweiten Hauptpunkt der Korbblütler-Thematik, den Zusammenhang zwischen *Integration* und *Integrität*. Die eine Sache ist es, eine Gruppe zu bilden, die sich einem gemeinsamen Ziel widmet, die andere aber, dabei als Mensch integer, also *sich selbst treu* zu bleiben. Es gab und gibt genug Gruppen, die ihre Wirksamkeit gerade daraus beziehen, den Einzelmenschen in seiner Besonderheit zu mißachten. Das Militär ist da ein Paradebeispiel, mit seinem Zwang zur Gleichartigkeit (Uniform!) und der Forderung nach bedingungslosem Gehorsam. Veteranen vieler Kriege können bezeugen, wie tief die seelischen Narben davon sein können, als Teil einer Maschine behandelt zu werden und darin Taten zu verüben, die man als Einzelner zutiefst verabscheut hätte. Je mehr das menschliche Wesen zum Individuum wird (und es zu werden, scheint eine seiner wichtigsten Aufgaben auf dieser Welt zu sein) desto weniger glaubt es wirklich an eine Entschuldigung durch einen Gruppenzwang oder eine Gruppenseele. Es fühlt sich immer weniger selbstverständlich eins mit seinem Volk, seinem Land, seiner Kaste, Familie, Konfession oder was auch immer, selbst wenn es versucht ist, daran festzuhalten. Wer mißachtet, *selbst* zu sein, leidet immer mehr, und dieses Leid bewegt dazu, diese Verantwortung anzuerkennen. Wenn sich ein Mensch *danach* entschließt, an einer Gemeinschaft teilzunehmen oder Mitmenschen zu dienen, kann das aus freiem Willen und in Treue zu sich selbst geschehen, auch wenn es mit Verzicht auf eigene Interessen verbunden sein sollte. Ein Beispiel für diesen Aspekt der Korbblütler-Essenzen ist die Sumpfschafgarbe.

SUMPFSCHAFGARBE (Achillea ptarmica) XXV

Die Sumpfschafgarbe wächst, wie es der Name schon sagt, gerne auf sumpfig-feuchtem Gelände wie an Bachufern. Selbst wer die häufigere Gemeine Schafgarbe *(Achillea millefolium)* schon kennt, wird erst auf den zweiten Blick eine Verwandtschaft feststellen. Die Blütenkörbchen ähneln sich zwar in Form und Farbe, die der Sumpfschafgarbe sind aber mehrfach größer und stehen in wenigblütigen Trugdolden, was das einzelne Körbchen als solches erkennbar werden läßt, während die der Gemeinen Schafgarbe zu einem Blütenschirm zusammenstehen, der als ein Gesamtes wirkt. (Wohlgemerkt: was hier als *Blütenkörbchen* bezeichnet wird, ist die *Überblüte* der Korbblütler!). Die Blätter der Sumpfschafgarbe sind ganzrandig mit einem sägezähnigen knorpeligen Rand. Von ihr wird in Gärten häufiger eine gefülltblühende Form angepflanzt, bei der sich

Sumpf-schafgarbe, gefüllte Form

auch die ehemals unscheinbaren Mittelblüten in die cremeweißen Zungenblüten umgewandelt haben.

Die Sumpfschafgarbe gehört zu den Pflanzen, die früher zu den *Berufskräutern* gezählt wurden, die gegen das Berufen helfen sollten. *Berufen* und *Beschreien* sind Begriffe, die nur noch in festen Redewendungen benutzt werden: *„Verschrei es nicht!"* und *„unberufen!"*. Sie werden gebraucht (z.B. im Aberglauben der Bühnenleute), wenn jemand sich oder anderen etwas Gutes wünscht oder Erfolg kommen sieht. Mit ihnen wird der Befürchtung begegnet, das Aussprechen würde Unglück anziehen. Auch das (übermäßige) Loben eines Mitmenschen galt (gilt?) als Berufen, das den Neid von Göttern oder bösen Geistern heraufbeschwört und so als Schadenszauber wirkt. Diese Befürchtung hat vielleicht einen ganz realen (psychologischen) Hintergrund, den wir zwar nicht ganz durchschauen, der aber doch so gegenwärtig ist, daß die Redewendungen immer noch in Gebrauch sind. Für die Menschen früherer Zeit mit ihren dem Magischen aufgeschlossenen Denken war solcher Schadenszauber und seine Abwehr eine recht alltägliche Angelegenheit. Es gibt jedenfalls eine ganze Anzahl von Pflanzen, die entsprechende Namen führten oder noch heute führen, so manche *Erigeron*-Arten, die immer noch **Berufskraut** heißen (auch sie gehören zu den Korbblütlern).

Von der Sumpfschafgarbe wurde U.M. angesprochen, eine in einem anspruchsvollen helfenden Beruf tätige junge Frau. Sie wirkte zwar selbstsicher und stark, empfand sich selbst aber als leicht ablenkbar und verwirrt, besonders durch Meinungen und Ansprüche anderer.

Dabei war es ihr ein tiefes Bedürfnis, ihre ureigene Lebensaufgabe herauszufinden und ihr zu folgen, was ihr besonders durch eine kürzlich durchgemachte schwere Erkrankung klargeworden war. Auf sie geht im wesentlichen die folgende Beschreibung zurück.

Als Blütenessenz spricht die Sumpfschafgarbe ein Thema an, das auch die andere, vertrautere Bedeutung des Worts *berufen* berührt: Das, wozu ich berufen bin, meine Aufgabe, die zu verwirklichen ich hier bin, mein *Beruf* im besten Sinne des Wortes. Besonders Menschen mit „sozialer Ader" sind leicht in Gefahr, ihre eigene Lebensaufgabe zu vernachlässigen, weil sie die Bedürfnisse anderer oft stärker wahrnehmen als die eigenen. Sie können durch die Einflüsse und Ansprüche ihrer Mitmenschen so beansprucht werden, daß sie die Orientierung verlieren und sich dann zu schützen versuchen, indem sie sich verschließen und jede tiefergehende seelische Berührung möglichst vermeiden. Das kann ein Hintergrund für die in helfenden Berufen verbreitete „professionelle Abgebrühtheit" sein. Ihre im Grunde teilnehmende Natur leidet aber sehr unter diesem Rückzug und äußert sich in Gefühlen wie Ängstlichkeit, Zaghaftigkeit und Traurigkeit.

Die Sumpfschafgarbe unterstützt es, hier einen *geschützten inneren Raum* zur Entfaltung zu schaffen, in dem der Anschluß an die eigenen Kraftquellen und die Ausrichtung auf die eigenen Ziele gefunden werden können. Es entsteht eine innere Ruhe und Sicherheit, die hilft, mutig und konzentriert Aufgaben anzugehen. Letztlich ist damit auch den Mitmenschen gedient: Wer ihnen aus einer Haltung der Stärke und Klarheit begegnet, aus dem Zustand der Integrität, kann es auch zulassen, offen und empfindsam zu sein.

Mit der Beschreibung der Essenz von der Sumpfschafgarbe hat sich die *Schutz*thematik bestätigt, die von anderen Blütenessenzen aus der Gruppe der Schafgarben (s.u.) schon bekannt ist.

Blütenessenzen von Korbblütlern

Der Gedanke von den Korbblütlern als den Heilkräutern der Zukunft ist schon einmal angeklungen. Er drängt sich auch dadurch auf, daß eine sehr bedeutende Zahl der in den letzten zwanzig Jahren neu erforschten Blütenessenzen aus dieser Familie stammt. Es sind so viele, daß hier nur ein kleiner Teil davon angeführt wird und trotzdem mehr als von jeder einzelnen Familie vorher. Es soll damit eine Gesamtschau entstehen über die Möglichkeiten der Familie, ohne Anspruch, schon eine thematische Ordnung hineinzubringen. Wegen der Vielzahl der Pflanzengestalten dieser Familie bedarf das noch einiger Forschungsarbeit und wäre allein vom Umfang her schon ein eigenes Buch.

Für eine erste Übersicht sind die folgenden Kurzbeschreibungen nach den **drei Gruppen** geordnet, in die sie auch in der Botanik eingeteilt sind:

❋ *Korbblüten nur mit Zungenblüten*
Beispiel: Löwenzahn

❋ *Korbblüten nur mit Röhrenblüten*
Beispiel: Distel

❋ *Korbblüten mit beiden Typen*
Beispiel: Gänseblümchen

Blütenköpfchen nur mit Zungenblüten

Chicory, Wegwarte *Cichorium intybus* XXV   BACH
Um die Erwartungen an andere loszulassen und das Bedürfnis nach
Aufmerksamkeit; Freigebigkeit.

Dandelion, Löwenzahn *Taraxacum officinale* XXVI   FES
Zum Loslassen emotionaler Spannungen, die sich in den Muskeln festsetzen;
zur Förderung der Fähigkeit, durch körperliche Entspanntheit empfänglich für
kosmische Einflüsse zu werden.

Habichtskraut *Hieracium pilosella* XXVI   BAK
Um in der eigenen Mitte zu sein, auch bei starker äußerer Einwirkung, wie
Menschenansammlungen o.ä.; zurückgezogen, unsicher, überempfindlich.

Blütenköpfchen nur mit Röhrenblüten

Sagebrush *Artemisia tridentata*   FES
Um sich von falscher Selbstdarstellung zu lösen; zum Reinigen und
Leermachen.

Mugwort *Artemisia douglasiana*   FES
Sensitivität während des Träumens; hilft einem, ausgeglichen zu bleiben,
wenn sich intuitive Fähigkeiten entfalten.
(Zwei Pflanzen aus der Verwandtschaft von Beifuß und Wermut).

Star Thistle, Sonnenwend-Flockenblume *Centaurea solstitialis*   FES
Für das Teilen und Großzügigkeit; um Angst vor Mangel zu überwinden.

Berg-Flockenblume *Centaurea montana* XXVI   BAK
Körperliche Bedürfnisse wahrnehmen und ausdrücken; um die Abwertung
körperlicher (sinnlicher) Wünsche abzulegen.

Kohldistel *Cirsium oleracea* XXVII   BAK
Unterstützt dabei, die eigene Individualität den anderen wahrnehmbar zu
machen und Schutzmechanismen sanft aufzulösen; hilft feinfühligen Menschen,
sich zu öffnen und doch ausreichend zu schützen.

Blütenköpfchen mit Zungen- und Röhrenblüten

Arnika *Arnica sp.* **XXVII**   FES
Zur Wiederherstellung nach Schock und Verletzung.

Black Eyed Susan, Rauher Sonnenhut *Rudbeckia hirta* **XXVIII**   FES
Für eine umfassende Einsicht in tiefe Emotionen und versteckte Aspekte des
Selbst, besonders wenn das Bewußtsein Teile des Selbst zensiert oder abtrennt.

Echinacea, Purpur-Sonnenhut *Echinacea purpurea* **XXVIII**   DA, FES
Kernintegrität; Fähigkeit, sich zu sammeln und die Sammlung aufrecht zu
erhalten, besonders bei ernsthafter Herausforderung; Würde bewahren.

Calendula, Ringelblume *Calendula officinalis* **XXVIII**   FES
Für Wärme und Heilung in der verbalen Kommunikation; für das Zuhören auf
Gedanken anderer; um höhere Bewußtheit in die heilende Kraft der Worte zu bringen.

Chamomile, Hundskamille *Anthemis cotula* **XXIX**   FES
Zur Wiederherstellung der Gelassenheit nach emotionaler Erregung; hilfreich
für überaktive Kinder; bei Nervosität und emotionaler Spannung in der Magengegend.

Pineapple Weed, Strahlenl. Kamille *Matricaria martricarioides* **XXIX** AFP
Ruhige Aufmerksamkeit für das, was um einen herum vorgeht, dadurch Schutz
vor Unfällen und anderen Risiken; Harmonie von Mutter und Kind, von Menschheit
und Erde; Entwicklungsverzögerungen. (Gehört in diese Gruppe, obwohl
keine weißen Strahlenblüten ausgebildet werden, beachte die damit verbundene
„Verzögerungs"-Thematik!).

Fuchs'sches Kreuzkraut *Senecio fuchsii* **XXIX**   IF
Hilft bei Starrheit und selbstbegrenzenden Glaubenssätzen;
unterstützt Selbstvertrauen und Vertrauen in den Fluß des Lebens.

Goldenrod, Goldrute *Solidago sp.* **XXX**   FES
Um in Gruppensituationen der eigenen Individualität treuzubleiben; gegen die
Neigung, eine falsche Persönlichkeit darzustellen, um soziale Anerkennung zu erlangen.

Huflattich *Tussilago farfara* **XXX**   BAK
Für Menschen, die sich von Herausforderungen überwältigt und verstört
fühlen; um sich unter schwierigen Lebensumständen treuzubleiben, Ausgleich
zwischen Anpassen und Durchsetzen, Übergänge bestehen, Pionier sein.

Madia *Madia elegans*   FES
Mentale Sammlung; Konzentration; Aufmerksamkeit für Einzelheiten gewinnen.

Shasta Daisy, Margerite *Chrysanthemum maximum*   XXX   FES
  Für eine Synthese vieler Ideen zu einem lebenden Ganzen;
für ein ganzheitliches, archetypisches Denken.

Tansy, Rainfarn *Chrysanthemum vulgare*   XXXII   FES
  Für entschlossenes Handeln; zur Überwindung von Lethargie; bei Neigung
übermäßig phlegmatisch zu sein. (Gehört in diese Gruppe, obwohl *keine*
weißen Strahlenblüten ausgebildet werden, beachte die damit verbundene
„Verzögerungs"-Thematik!)

Sunflower, Sonnenblume *Helianthus annuus*   XXIV   FES
  Zum Ausgleich des Ego-Ausdrucks; bei Störungen in Vaterbeziehungen;
gegen Selbstzerstörung und Selbstgefälligkeit;
zur Förderung strahlender Ichkräfte.

Yarrow, Gemeine Schafgarbe *Achillea millefolium*   XXXI   FES
Schutz und Sicherheit vor schädlichen Einflüssen aller Art.

Pink Yarrow, Rote Schafgarbe *Achillea millefolium var. rubra* XXXI FES
  Bei emotionaler Verwundbarkeit; wenn man leicht die Stimmungen und
Gefühle seiner Umgebung in sich aufnimmt.

Golden Yarrow, Gelbe Schafgarbe *Achillea clytedata*   XXXI   FES
  Fähigkeit, sich anderen darzustellen, speziell empfindsame und feine Seiten,
Selbstwahrnehmung; Neigung, sich von künstlerischer oder sozialer
Beteiligung zurückzuziehen und sich abzustumpfen, um mit der eigenen
Sensitivität zurechtzukommen.

Sumpf-Schafgarbe *Achillea ptarmica*   XXV   BAK
  Hilft, die eigene Lebensaufgabe klar zu sehen und ihr treu zu bleiben;
schützt, wenn wir uns anderen Menschen öffnen, besonders wenn wir dabei
die „helfende" Rolle einnehmen; Mut, Integrität; bei zu großer Beeinflußbarkeit
durch Ansprüche Anderer, Verschlossenheit, Ängstlichkeit, Traurigkeit.

Zottige Gemswurz *Doronicum clusii*   BAK
  Für Menschen, die sich nur schwer auf Neues einstellen können; hilft, sich
schnell an neue Situationen anzupassen, spontane Entscheidungsfähigkeit,
Reaktionsfähigkeit.

Zinnia, Zinnie *Zinnia elegans*   XXXII   FES
  Für kindlichen Humor und Leichtigkeit; für jene, die sich zu ernst nehmen.

Es gibt noch eine ganze Anzahl weiterer Essenzen aus dieser Familie (bitte bei Interesse in der angegebenen Literatur[37] nachlesen). Für unsere Zwecke genügt dieser Überblick. Es wird schon klargeworden sein, wie vielfältig die Themen der Korbblütler sind – und daß doch Variationen der angesprochen Qualitäten *Integration, Zusammenarbeit, Ordnung* und *Integrität* immer wieder durchscheinen. Bis die ganze Familie auseinandergefaltet und in den Begriffen der menschlichen Seele geordnet ist, ist es noch ein weiter Weg. Hier ist nun endlich die Gelegenheit anzuführen, was jedes anständige Buch enthalten sollte, nämlich ein Goethezitat: *„Dich im Unendlichen zu finden, mußt unterscheiden, dann verbinden".*

Anhang

Übungen

Warum Übungen?

Die folgenden Übungen dienen einer erweiterten Wahrnehmung der Natur, hier besonders der Pflanzenwelt. So einfach sie auch auf den ersten Blick erscheinen, sind sie doch „bewußtseinserweiternd", weil sie uns helfen können, über das Offensichtliche hinauszuschauen. Dabei bewährt es sich, besser einige oder auch nur eine einzige der Übungen konsequent zu betreiben, statt alle zu „versuchen" und dabei Geduld und Übersicht zu verlieren.

Wenn wir einer Pflanze begegnen, so erkennen wir sie mit Hilfe eines inneren Maßstabes, einer *Idee der idealen Pflanze*. Wenn etwas also grün ist, Blätter, Blüten und Früchte hat, stimmt es in hohem Maße mit diesem inneren Ideal überein, und wir sagen uns: „Ah, das ist eine Pflanze!" Das läuft natürlich meist unbewußt ab. Schauen wir aber erstmals einen Kaktus an, werden wir stutzig – grün, ja, Blüten, Früchte, ja, aber Blätter, nein – ist das überhaupt eine Pflanze?

Deswegen wirken Kakteen so ungewöhnlich auf uns: Sie weichen von unserer inneren Idee von einer Pflanze ab; die Abweichung macht uns erst bewußt, daß bestimmte Kriterien erfüllt sein müssen, damit wir eine Pflanze *selbstverständlich* als eine solche anerkennen. Später dienen uns gerade diese Abweichungen vom Idealbild dazu, die einzelnen Pflanzenarten voneinander zu unterscheiden – Kakteen sind eben diejenigen, die statt Blättern Stacheln ausbilden.

Der Erste, der systematisch mit dieser Idee gearbeitet hat, war J.W. v. Goethe[61], von ihm stammt auch der Begriff *Urpflanze*. Aufgegriffen und weiterentwickelt haben ihn dann vor allem Rudolf Steiner und einige seiner Schüler[62].

Unser inneres Pflanzenbild hat aber noch viel mehr Facetten, als die mit den fünf Sinnen wahrnehmbaren von Farbe, Form, Oberfläche usw. Es gehören auch noch Eigenschaften dazu, die wir nur mit unserem Geist wahrnehmen können – was wir auch ganz alltäglich tun.

Ein Beispiel: Nehmen wir an, wir sähen eine Pflanze, die dem Aussehen nach (Blätter, Blüten usw.) ganz unseren Maßstäben entspricht. Wir würden nun diese Pflanze eine Woche lang jeden Tag einige Zeit betrachten und dabei *keinerlei* Veränderung feststellen können. Zu welcher Feststellung würde uns das führen? – Daß das eine künstliche (oder künstlich konservierte) Pflanze ist! Warum?

Unser inneres Bild von Pflanze enthält als unverzichtbare Bedingung die **Veränderung**. Was immer gleich bleibt, kann keine Pflanze sein! Zur Idee der Pflanze gehört die ganze Entwicklung, vom Samen zur wachsenden und schließlich fruchtenden Pflanze: Wann immer wir eine Pflanze wahrnehmen, denken wir uns das „Davor" und „Danach" in allen seinen Verwandlungen mit, denn es gehört für uns selbstverständlich zum Ganzen. Dies Ganze wird *Zeitgestalt* genannt, und ist ein geistiges Gebilde, das wir (mehr oder wenig lebendig) in uns tragen, aber nicht direkt mit den Sinnen wahrnehmen. Zwar nehmen wir die Informationen dafür mit den Sinnen auf, doch ist es die Fähigkeit unseres Geistes, darin die Gestalt zu sehen.

Die Zeitgestalt ist nur eine der verborgenen Facetten der Pflanzenidee. Je mehr wir uns diese Aspekte bewußt machen, desto klarer und lebendiger kann unsere Wahrnehmung der Pflanzen – und der gesamten Natur – werden.

Das ist der Wert derartiger Übungen.

1

Betrachte eine Pflanze (einen Baum).

❋ jeden Tag,
❋ während eines ganzen Jahres,
❋ immer zur selben Tageszeit,
❋ und beschreibe und zeichne Deine Beobachtungen.

2

Nimm Samen einer (einjährigen) Pflanze, säe sie aus (evtl. in einem Topf) und mach es Dir zur Gewohnheit, sie jeden Tag einmal aufmerksam zu betrachten.

❋ Führe Buch über Deine Beobachtungen.
❋ Zeichne möglichst viele der aufeinanderfolgenden Stadien.
❋ Gut geeignet sind einjährige Blumen wie Mohn, Trichterwinde oder Bohnen.

3

Nimm ein Samenkorn einer Pflanze in die Hand, deren Lebensrhythmus Du schon kennst.

❋ Erlebe in der Vorstellung ihren Lebenszyklus nach, bis Du wieder beim Samenkorn angelangt bist.
❋ Mach das häufiger, bis die Übergänge wirklich fliessend werden.

4

Betrachte eine Pflanze in einem beliebigen Stadium (keimend, blühend, absterbend).

❋ Mache Dir eine Vorstellung, wie sie wohl vorher ausgesehen hat/später aussehen wird. Laß es Dir einfach einfallen, wie den nächsten Ton einer Melodie.
❋ Überprüfe dann Deine Vorstellung durch die Beobachtung.

Betrachte einen alten Baum.

✹ Mache Dir eine Vorstellung darüber, wie er sich vom Samen bis zu seiner jetzigen besonderen Gestalt entwickelt hat.

✹ Woran siehst Du, wie sich z.B. Wind, Boden, Licht, Feuchtigkeit des Standorts in seiner Erscheinung abbilden?

✹ Laß so eine Entwicklung in Gedanken einmal rückwärts ablaufen, bis zum Beispiel ein mächtiger Eichbaum sich in die Eichel zurückgefaltet hat.

5

Mache es Dir zur Gewohnheit, bei jeder Pflanze ihre _Umgebung_ mitzubetrachten.

✹ Wie sind die Lichtverhältnisse?

✹ Wie stark ist das Element Wasser vertreten?

✹ Auf welchem Boden wurzelt sie?

✹ Ist ihre Umgebung eher warm oder kühl?

✹ Kommt sie in Gruppen vor?

✹ Mit welchen anderen Gewächsen steht sie zusammen?

✹ Wiederholen sich diese Elemente bei verschiedenen Exemplaren dieser Art oder wechselt das ?

6

Nimm von einem Spaziergang zehn _verschiedene_ Blätter mit.

✹ Zeichne sie nach.

✹ Fasse die unterschiedlichen Merkmale von Form und Struktur in Begriffe.

✹ Wenn es Dich interessiert, kannst Du dann in einem Bestimmungsbuch nachlesen, wie die Botanik diese Blattgestalten benennt.

7

8

Beobachte, ob und ggf. welche Veränderungen der Blattformen Du an einer Pflanze wahrnehmen kannst, von den Grundblättern am Boden zu den Blütenblättern aufwärtsgehend.

✺ Mach dasselbe bei anderen Arten und vergleiche.

9

Welche Veränderungen der Erscheinung von Sproß, Blättern, Blüte usw. ergeben sich, wenn dieselbe Pflanzenart in der Sonne oder im Schatten, auf trockenem oder feuchtem Boden, auf steinigem oder humosem Untergrund wächst?

✺ Das ist eine Übung für systematisch Veranlagte. Sie führt zu einer Wahrnehmung der Signaturen des Lichts, des Wassers, der Lebendigkeit des Bodens usw., wie sie sich in den Pflanzenformen zeigt. Schon die Beobachtung einer im Keller aufbewahrten Topfgeranie und ihrer Veränderung im Freien sagt z.B. viel über die Wirksamkeit des Lichts.

Betrachte die Arten einer Pflanzenfamilie und stelle fest, in welchen Merkmalen sie sich gleichen oder unterscheiden.

✻ Beispiele aus der Familie der *Rosengewächse*: Heckenrose und Kulturrose, Brombeerstaude und Himbeerstaude, Apfelbaum und Birnbaum.

✻ Diese Übungen gelingen anfangs bei sich näherstehenden Pflanzen am leichtesten, also solchen, die einer Gattung angehören (Brombeere und Himbeere sind z.B. beide Gattung *Rubus*). Dann können sie erweitert werden auf sich fernerstehende Familienmitglieder – von der Brombeere zur Rose ist der Sprung schon größer, noch weiter der von der Rose zum Apfelbaum. Mit der Zeit entwickelt sich so eine *Idee* von der Familie. Wer in sich die Idee einer Familie entwickelt hat, erkennt eine neue Pflanzenbekanntschaft intuitiv als Mitglied derselben, auch ohne ein Bestimmungsbuch zu bemühen. Die folgende Übung geht in dieselbe Richtung und folgt im Grunde von selbst.

10

11

Betrachte zwei verschiedene Mitglieder einer Pflanzenfamilie detailiert und verwandle sie dann in Gedanken ineinander.

Beispiel aus der Familie der Schmetterlingsblütler:

● Wesentliche Merkmale der Gartenbohne (*Phaseolus vulgaris ssp. vulgaris*, Kletterform) sind der windende Sproß, die zahlreichen, relativ großen dreigliedrigen Blätter, kleine, meist weiße Schmetterlingsblüten, lange Hülsen mit großen eßbaren Samen, einjähriger Lebenszyklus.

● Wesentliche Merkmale eines Ginsterbusches (Besenginster, *Sarothamnus scoparius*) sind rutenförmige gerillte Zweige, kleine, dreizählige, oft bald abfallende Blätter, große, lebhaft gelbe Schmetterlingsblüten, trockene kleine Hülsen mit kleinen harten Samen, ausdauernder Strauch.

● Wie müßte sich nun die Bohnenpflanze verändern, damit sie zu einem Ginsterbusch wird?

● Die Übung bekommt nur dann Sinn, wenn wirklich ein *inneres Bild* von jeder Veränderung entsteht in so vielen Zwischenstadien, bis sich ein *fließender Übergang* ergibt. Zuerst vielleicht eine gelbblühende Bohnenpflanze, die dann ihre Gestalt immer mehr in Richtung trocken und fest verändert, holzig wird, ihre Blätter verkleinert und viele davon abwirft, ihre Schoten verfestigt, in ihrem Holz Kraft für das Wachstum des nächsten Jahres zurückbehält und schließlich ein Ginsterbusch geworden ist. Mit der Veränderung des inneren Bildes verändern sich erstaunlicherweise schließlich auch Merkmale, die anfangs nicht mitbedacht wurden, z.B. das Wurzelwerk und die Vorliebe für einen bestimmten Boden; wie zum Bild der Gartenbohne guter Gartenboden paßt, gehört zum Ginster die Fähigkeit, in armen Böden fortzukommen.

Geh das ganze Jahr _jeden_ Tag ein bestimmtes Stück Weg durch eine bestimmte Landschaft und laß sie auf Dich wirken, ihr Gleichmaß und ihre Verwandlungen, das Kleine und das Große, das Schöne und das Häßliche und nimm an, was immer an Gefühlen das bei Dir hervorruft.

Diese Übung, so einfach sie ist, kann zur Meditationsaufgabe werden, die durchs ganze Leben führt. Sie erschließt den ganz anderen Lebens-rhythmus der Natur: Ein Jahr ist gleichsam ein Atemzug des Lebens einer Landschaft. Was wir gewöhnlich als die vier Jahreszeiten bezeichnen, sind nur die Höhepunkte einer immerwährenden Entwicklung, die nur fließende Übergänge kennt. Irgendwann beginnt die Erstarrung des Winters eine Ahnung des Frühlings zu enthalten, irgendwann der Überschwang des Sommers eine erste Spur des herbstlichen Rückzugs. Wer die Übung konsequent betreibt, sieht einen _Fluß_, wer zwischendrin aussetzt, sieht _Sprünge_.
Insofern ist auch die Pause lehrreich. Über mehrere Jahre fortgesetzt entsteht eine Wahrnehmung von den Unterschieden in den Atemzügen – tiefe Atemzüge, flache Atemzüge, fette Jahre, magere Jahre...

13

Betrachte eine Landschaft.

✸Beschreibe ihre Bestandteile wie Gewässer, Erhebungen, Täler, Bewuchs usw.

✸Welche Kräfte könnten sie so geformt haben?

✸Was kannst Du durch Beobachtung über das Klima der Gegend sagen?

✸Ist ein Einfluß menschlicher Tätigkeit zu bemerken? Woran?

✸Wenn ja, wie lange liegt der menschliche Eingriff zurück?

✸Welche Stimmung strahlt für Dich diese Landschaft aus?

✸Wie verändert sich die Stimmung, wenn Du Dir ein bestimmtes Element wegdenkst? (diesen Baum, diesen Bach, diese Straße...?).

✸*Auch der Blick aus einer städtischen Bushaltestelle betrachtet eine Landschaft!*

14

Verschaffe Dir den Überblick über die Pflanzen (und Tiere), die in einem bestimmten Umkreis vorkommen:

✸Beginne klein. Du kannst Dir einen halben Quadratmeter am Wegrand abstecken und auf einem gleich großen Bogen Papier aufzeichnen, was Du findest.

✸Mache eine Bestandsaufnahme aller Pflanzen, die rund um Dein Haus vorkommen. Frage Kundige, wenn Du manche nicht erkennst oder nimm ein Bestimmungsbuch zur Hilfe.

✸Nimm auf Spaziergängen und Reisen ein Skizzenbuch mit, und zeichne, was Du Neues findest, um unterscheiden zu lernen.

✸Nimm ein Bestimmungsbuch mit, um unbekannte Pflanzen benennen zu lernen.

15

Führe ein Tagebuch.

❋Nimm Dir vor, täglich wenigstens einen Satz darüber aufzuschreiben, wie Dein seelisches Befinden heute war. Es können und werden natürlich auch andere Gedanken, Überlegungen und Beschreibungen von Vorkommnissen mit einfließen, besonders wichtig sind aber die damit verbundenen *Gefühle*.

Wenn Du Dir den einen Satz konsequent abringst, werden es auch leicht mehr werden. Das ist gut so. Dies ist eine außerordentlich wirksame Hilfe, besonders wenn Du gerade dabei bist, die Bekanntschaft mit einer neuen Pflanze zu pflegen oder eine neue Blütenessenz nimmst. Im Laufe der Wochen ergeben sich gewöhnlich sehr klare Begriffe für den Gefühlszustand, den Du gerade durchlebst und in welcher Weise er sich verändert.

Eine **Fülle von Anregungen** für derlei Übungen finden sich verstreut in der schon angegebenen Literatur. Sehr empfehlenswert ist auch das Buch „Mit Kindern die Natur erleben" von Joseph B. Cornell[63], das auf eine ganz spielerische Weise sehr tiefe Einsichten vermitteln hilft. Vieles davon kann auch Erwachsenen Freude und Erkenntnis geben. Die bei weitem lustigsten Übungen zur Naturerfahrung (bei Cornell wie bei anderen) haben die Form von Spielen für Gruppen. Wir wollten uns aber hier auf Soloübungen beschränken.

Anmerkungen und Literaturhinweise

1 **BACH, E.:** Gesammelte Werke, Aquamarin, Grafing 1988, S. 149 ff.

2 **WEEKS, N.:** Edward Bach, Entdecker der Blütentherapie, Sein Leben – seine Erkenntnisse, Hugendubel, München 1988, S. 55f, S. 91.

3 **BACH, E.:** Gesammelte Werke, Aquamarin, Grafing 1988, Einführung von J. Barnard, S. 17.

4 Eine ausführliche Darstellung solcher Testverfahren und ihres durchaus umstrittenen Aussagewerts gibt: **VEREIN FÜR EIN ERWEITERETES HEILWESEN** (Hsg.): Arzneimittel: Was ist Heilung?, Urachhaus, Stuttgart 1988.

5 **STARBECK, R.:** Bach Flower Essence Research, in: The Flower Essence Journal 2, Nevada City 1980, S. 16ff.

6 **WEISGLAS, M.:** Bach Flower Essence Research, in: Flower Essence Journal 1, Nevada City 1980, S. 11 ff.

7 **MacLEAN, D.:** Du kannst mit Engeln sprechen.

8 **SMALL-WRIGHT,M.:** Die Perelandra Blütenessenzen, Knaur, München 1990.

9 **ADAMS, D.:** Per Anhalter durch die Galaxis, Rogner & Bernhard, München 1992.

10 1 Mose 3.7.

11 Eine ausführliche Darstellung der schamanischen Kulturen und ihrer Entwicklung gibt: **ELIADE, M.:** Schamanismus und archaische Ekstasetechnik, Suhrkamp, Frankfurt a.M. 1982.

12 Über die wesentlichen Unterschiede der alten Kulturen und der maschinenorientierten modernen Zivilisation siehe auch: **MUMFORD, L.:** Mythos der Maschine, Fischer, Frankfurt a.M. 1977.

13 **BOHNKE, B.-A.:** Abschied von der Natur, Metropolitan 1997.

14 In einem etwa 120 000 Jahre alten Grab der Neandertaler, das in Syrien ausgegraben wurde, ist neben anderen Pflanzen auch Tausengüldenkraut *(Centaurium erythraea)* gefunden worden, also eine der von Bach beschriebenen Blüten.

15 **WILHELM, R.** (Übers.): I Ging, Text und Materialien, Eugen Dietrichs, Düsseldorf.

16 **DRAKE, J./TYLER, K.:** Das Spiel der Wandlung, Greuthhof, Gutach i.Br. 1994.

17 Für den Anfang gut geeignet ist: **AICHELE, D.:** Was blüht denn da?, Kosmos, Stuttgart/Frankfurt. Fortgeschrittene siehe 38

oder **ROTHMALER:** Exkursionsflora Bd.4, Kritischer Band mit Unterarten, Bd. 3 Atlas mit Abb.

18 **BACH, E.:** Gesammelte Werke, Aquamarin, Grafing 1988, S. 23, S. 76, S. 85, S. 88, S. 101, S. 119.

19 **BACH, E.:** Gesammelte Werke, Aquamarin, Grafing 1988, S. 34, S.77ff, S.88- S.91, S.148.

20 **BOCKEMÜHL, J.:** Sterben der Wälder – eine Bewußtseinsfrage, V.a. Goetheanum, Dornach 1985.

21 **WEISS,R.F.:** Moderne Pflanzenheilkunde, Kneipp Verlag Bad Wörishofen, 1988, S. 8f.

22 **WEEKS/BULLEN:** Bach Flower Remedies, Illustration and Preparation, C.W. Daniel, London 1964, S.24, S.38.

23 **STRAUSS, H./ STRAUSS P.:** Heilige Quellen zwischen Donau, Lech und Salzach, Hugendubel, München 1987.

24 **W. PELIKAN, W.:** Heilpflanzenkunde, der Mensch und die Heilpflanze, Philosophisch-Anthroposoph. Verlag, Dornach, 3. Band 1982, Kapitel 1, Wie erlebt man Elementarwesen? 1982

25 **THE BAILEY ESSENCES,** 7/8 Nelson Road; Illkey, West Yorkshire; LS29 8HN Engand.

26 **FLOWER ESSENCE SOCIETY,** Patricia Kaminsky/Richard Katz, P.O.Box 459; Nevada City, CA 95959 USA.

27 **KATZ, R./KAMINSKY, P.:** Blütenessenzen, Repertorium ihrer Wirkungsweisen. Laredo, Chieming 1994.

28 **ALSKAN FLOWER ESSENCE PROJECT,** Steve Johnson, P.O.Box 1369, Homer, Alaska 99603-1369.

29 **PACIFIC ESSENCES,** Box 8317; Victoria B.C.; V8W 3R9.

30 **FLOWER ESSENCES OF FOX MOUNTAIN,** Kathrin Landry, P.O.Box 381; Worthington, MA 01098-0381 USA.

31 **DESERT ALCHEMY,** Cynthia Kemp, P.O.Box 44189; Tuscon, Arizona, AZ 85733 USA.

32 **ALOHA FLOWER ESSENCES,** Penny Medeiros, P.O.Box 2319, Kealakekua, Hawaii, 96750 USA.

33 **BLÜTEN-ARBEITSKREIS,** Forschungsgemeinschaft für eine erweiterte Erfahrung der Natur e.V.; Ginsterweg 3, D-31595 Steyerberg.

34 **HORUS BLÜTENESSENZEN,** Informationen über: Milagra AG, Baumgartenstr.43, CH-2540 Grenchen.

35 **IRISFLORA PROJEKT,** Anne Rensing, Dorfstr. 18, D-54649 Mauel.

36 **BACH, E.:** Ges. Werke, Aquamarin, Grafing 1988, S. 62 ff.

37 **ALBRODT, D.(Hrsg.):** Illustrierte Enzyklopädie der Blütenessenzen, Edition Tirta, RKH Peter Rump, Bielefeld 1997.

38 **SCHMEIL/FITSCHEN:** Flora von Deutschland und seinen angrenzenden Gebieten, Quelle & Meyer, Heidelberg 1982.

Anmerkungen und Literaturhinweise

39 **FROHNE, D./JENSEN, U.:** Systematik des Pflanzenreiches unter besonderer Berücksichtigung chemischer Merkmale und pflanzlicher Drogen, Gustav Fischer, Stuttgart/New York 1979.

40 **WITT, R.:** Naturoase Wildgarten, BLV.

41 **JUNIUS,M.N.:** Praktisches Handbuch der Pflanzen-Alchemie, Ansata, Interlaken 1982.

42 **PARACELSUS, T.B.:** Vom eigenen Vermögen der Natur, (Hsgb. G. Pörksen), Fischer, Frankfurt a.M. 1988.

43 **SURYA, G.W.:** Die verborgenen Heilkräfte der Pflanzen, Freiburg 1978.

44 **KARL, J.:** Phytotherapie, Verlag Tibor Marzell, München 1978,S. LXXIX ff.

45 **SCHLEGEL, E.:** Religion der Arznei, Sonntag, Regensburg 1986.

46 **GOETHE, J.W.v.:** Metamorphose der Pflanzen, Freies Geistesleben, Stuttgart 1985.

47 **PELIKAN, W.:** Heilpflanzenkunde, der Mensch und die Heilpflanze, 3 Bde., Philosophisch-Anthroposoph. Verlag, Dornach, 1978/1980/1982.

48 **SIMONIS, W.Ch.:** Wege zum Heilpflanzen-Erkennen, Stuttgart 1975.

49 **KRANICH, E.M.:** Die Formensprache der Pflanze, Fischer, Frankfurt a.M. 1986.

50 **GROHMANN, G.:** Die Pflanze, ein Weg zum Verständnis ihres Wesens. 2 Bde., Freies Geistesleben, Stuttgart 1981.

51 **DAHL, J.:** Der unbegreifliche Garten und seine Verwüstung. Über Ökologie und über Ökologie hinaus, dtv/Klett-Cotta, Stuttgart 1989, S.43ff.

52 **HEGI,G.:** Illustrierte Flora von Mitteleuropa, 13 Bde., München 1906, 1931, S. 1836

53 **UYLDERT, M.:** Verborgene Kräfte der Pflanzen, Hugendubel, München 1984, S.154ff.

54 **SAINT-EXUPÉRY, A. de:** Der kleine Prinz, Karl Rauch, Düsseldorf 1956, S.52.

55 **BARNARD, M.u.J.:** Das Bachblüten-Wunder, Heyne

56 **FELLENBERG-ZIEGLER; A.v.:** Homöopathische Arzneimittellehre, Haug, Ulm 1980 S. 144.

57 Verschiedene Forschungsergebnisse legen nahe, daß mit der Position des Mondes in bestimmten Zeichen des Tierkreises eine Förderung bestimmter Pflanzenorgane einhergeht. Die drei Zeichen, die mit dem Element Licht verbunden sind (Zwilling, Waage, Wassermann) gelten als den Blütenimpuls fördernd, solange der Mond in ihnen steht. Einige Blütenessenzenhersteller haben gute Erfahrungen damit gemacht,

ihre Essenzen nur an solchen Tagen zu bereiten. Sie bedienen sich dazu Kalendern, die jedes Jahr neu berechnet werden, wie: **THUN, M./THUN, M.K.,:** Aussaattage, M. Thun Verlag.

58 **SCHAD, W. (Hrsg.):** Goetheanistische Naturwissenschaft, Band 2 Botanik, Freies Geistesleben, Stuttgart 1982.

59 Einen ausgezeichneten Einblick über die Entwicklung von Blüten zu Blütenständen und „Überblüten" gibt: **SCHAD/ SCHWEPPENHÄUSER:** Blütenspaziergänge, Fischer, Frankfurt a.M. 1986.

60 **KATZ,R.:** Exploring California Flower Essences, Part 4 in: Flower Essence Journal 4, Nevada City 1982, S. 68.

61 **GOETHE, J.W.v.:** Metamorphose der Pflanzen. Freies Geistesleben, Stuttgart 1985

62 Autoren, die diesem Ansatz und der damit verbundenen Anthroposophie nahestehen, siehe die Angaben bei den Anmerkungen Nr. 45, 46, 47, 48, 56, 57.

63 **CORNELL, J.B.:** Mit Kindern die Natur erleben, Ahorn, Oberbrunn 1988; siehe auch die Meditationen im 3. Band von **W. PELIKAN**s Heilpflanzenkunde (Anm. 45).

Stechapfel

Anmerkungen und Literaturhinweise

Illustrierte Enzyklopädie der Blütenessenzen

Aufbau der Enzyklopädie:

Durchgehend illustriert, durchgehend farbig:

Dieses einmalige Nachschlage-werk liefert ausführliche Informationen zu **über 750 Blütenessenzen aus aller Welt** nach der Methode von Dr. Bach:

832 Seiten,
700 Blütenfotos komplett in Farbe,
fester Einband,
23 x 16 cm,
DM 89.-
ISBN **3-89416-780-7**

Der Aufbau der Enzyklopädie folgt der abgebildeten Systematik.

Alle Essenzen folgender Hersteller:

AFP

AHF — ●Alaskan Flower Essence Project

Alo — ●Aditi Himalaya Flower Essences

ARF — ●Aloha Flower Essences

BFE — ●Araretama Rainforest V. H. E.

BFS — ●Bailey Flower Esences

BRN — ●Bush Flower Essence Society

BAK — ●Bloesem Remedies NL
●Blütenarbeitskreis Steyerberg

DA — ●Desert Alchemy

FES — ●Flower Essence Society

FM — ●Flower Essences of Fox Mountain

HB — ●Horus Blütenessenzen

HH — ●Healing Herbs

IF — ●Irisflora Projekt

LE — ●Living Essences

MFE — ●Master's Flower Essences

MI — ●Milagra Blütenessenzen

NB — ●Noreia Blütenessenzen

NZ — ●New Zealand New Perception

PE — ●Pacific Essences
●*Platzhalter für weiteren Hersteller*

PHY — ●Phytomed

SFR — ●Sardinian Flower Essences

Y — ●Yggdrasil

Allgemeine Information

Pflanzenname: Generell wurde der Pflanzenname aus dem ersten Herstellungsland der Essenz ausgewählt. Wo dieses nicht festzustellen war oder sich eine Blütenessenz in Deutschland durchgesetzt hat, wurde der deutsche Name gewählt.

Botanische Bezeichnung lt. Hersteller (Register Pflanzennamen bzw. Botanische Bezeichnungen) ●

ℬ zeigt an, daß es sich hier um eine der **Bachblüten** handelt. ●

Beschreibung der Pflanze: Die Beschreibung ist extrem knapp, und manchem Botaniker mögen sich die Haare sträuben. Wert legten wir besonders auf Farbe und Form der Blüte, Verbreitungsgebiet (das, wo man die Pflanze auf jeden Fall findet) und die Blütezeit.

Alle Angaben nur, wenn von den Herstellern mitgeteilt. ●

Info-Kasten:

D: Hier erscheint der deutsche Name der *Pflanze,* falls a) keine gleichnamige Essenz unter deutschem Namen vertrieben wird (dann siehe **Synonyme**) und er uns b) bekannt ist (Register: Pflanzen- und Essenznamen).

andere Namen: Falls die beschriebene *Pflanze* auch unter anderem Namen bekannt ist (in der jeweiligen Sprache des Essenz-Herstellers) wird er hier genannt (Register: Pflanzen- und Essenznamen). ●

Synonyme: Wenn die gleiche *Essenz* unter anderen Namen angeboten wird (z.B. in anderen Sprachen), werden diese hier genannt (Register: Pflanzen- und Essenznamen). ●

Hersteller: Hier erscheinen die Kürzel der Hersteller, die diese Essenz herstellen, wenn diese Essenzen identische Schwingungen aufweisen (siehe Kürzelauflösung links). ●

Akupunkturpkt. Viele Hersteller haben Einflüsse ihrer *Essenzen* auf Akupunkturpunkte bzw. -meridiane erforscht. Wenn bekannt, werden sie hier aufgeführt. ●

Chakra: Was für die Akupunkturpunkte gilt, gilt auch für den Hinweis auf beeinflußte Chakren. ●

Körperbezug: siehe Akupunkturpunkte ●

Gleiche Pflanze, andere Wirkung: Es gibt *Essenzen,* die mit der gleichen *Pflanze* hergestellt werden, aber andere Wirkungen aufweisen. Das mag an Klima, Lebensumständen oder ähnlichem liegen. Ähnliches gilt für Blütenfarben. Der → verweist auf die entsprechende Essenz, häufig hat sie einen anderen Namen, manchmal aber nicht. Auf jeden Fall ist es ein anderer Hersteller. ●

Gleicher Name, andere Pflanze: Es kommt auch vor, daß verschiedene Hersteller gleiche Namen für unterschiedliche *Pflanzen* bzw. *Essenzen* verwendet haben. Der → verweist auf die entsprechende Eintragung. ●

Verwandte Pflanze: Hier werden die Pflanzen aufgeführt, die im botanischen Sinne mit der beschriebenen verwandt sind und von denen es ebenfalls Essenzen gibt. Die Wirkung kann, muß aber nicht ähnlich sein. Der → verweist auf die entsprechende Eintragung. ●

KURZBESCHREIBUNG (S. REGISTER SCHLAGWORTE) ●

Beispielseite, verkleinert,
im Original komplett farbig

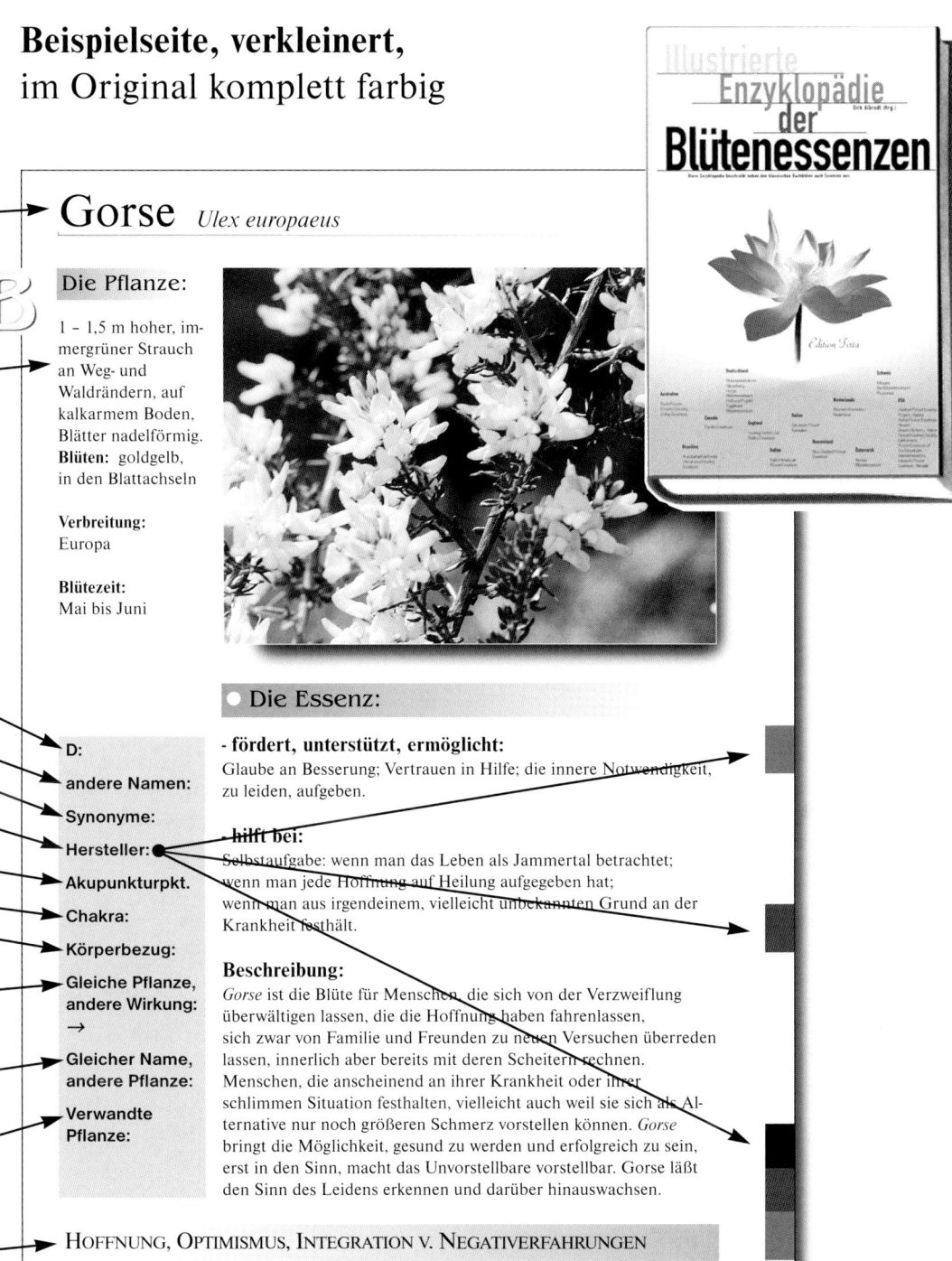

Illustrierte Enzyklopädie der Blütenessenzen
Dirk Albrodt (Hrg.)
Edition Tirta

Gorse *Ulex europaeus*

Die Pflanze:

1 - 1,5 m hoher, immergrüner Strauch an Weg- und Waldrändern, auf kalkarmem Boden, Blätter nadelförmig.
Blüten: goldgelb, in den Blattachseln

Verbreitung:
Europa

Blütezeit:
Mai bis Juni

Die Essenz:

- fördert, unterstützt, ermöglicht:
Glaube an Besserung; Vertrauen in Hilfe; die innere Notwendigkeit, zu leiden, aufgeben.

- hilft bei:
Selbstaufgabe: wenn man das Leben als Jammertal betrachtet; wenn man jede Hoffnung auf Heilung aufgegeben hat; wenn man aus irgendeinem, vielleicht unbekannten Grund an der Krankheit festhält.

Beschreibung:
Gorse ist die Blüte für Menschen, die sich von der Verzweiflung überwältigen lassen, die die Hoffnung haben fahrenlassen, sich zwar von Familie und Freunden zu neuen Versuchen überreden lassen, innerlich aber bereits mit deren Scheitern rechnen. Menschen, die anscheinend an ihrer Krankheit oder ihrer schlimmen Situation festhalten, vielleicht auch weil sie sich als Alternative nur noch größeren Schmerz vorstellen können. *Gorse* bringt die Möglichkeit, gesund zu werden und erfolgreich zu sein, erst in den Sinn, macht das Unvorstellbare vorstellbar. Gorse läßt den Sinn des Leidens erkennen und darüber hinauswachsen.

D:

andere Namen:

Synonyme:

Hersteller:

Akupunkturpkt.

Chakra:

Körperbezug:

Gleiche Pflanze, andere Wirkung:
→

Gleicher Name, andere Pflanze:

Verwandte Pflanze:

HOFFNUNG, OPTIMISMUS, INTEGRATION V. NEGATIVERFAHRUNGEN

Neu!!

Durchgehend farbig illustriert.

Dieses einmalige Nachschlagewerk liefert erstmals ausführliche Informationen zu **über 500 einheimischen Blütenessenzen** nach der Methode von Dr. Bach:

Themen der Blüten, Anwendung, Wirkung, botanische Information, Akupunkturpunkte, Hersteller, Bezugsmöglichkeiten, detaillierte Register.

ISBN: 3-89416-784-X

Illustrierte Enzyklopädie der einheimischen Blütenessenzen

Dirk Albrodt (Hrsg.)

Diese Enzyklopädie beschreibt über 500 Blütenessenzen aus Mitteleuropa, die helfen und heilen

Edition Tirta

mit über 500 Farbfotos

ca. 600 Seiten, über 500 Abb., komplett in Farbe, fester Einband, 23 x 16 cm, DM 69.-

Seit Dr. Bach seine ersten Blütenessenzen herstellte, ist die Zahl seiner Anhänger stetig gestiegen. Viele neue Essenzen sind hergestellt und erforscht worden. Die im Frühjahr 1998 erscheinende **"Illustrierte Enzyklopädie der einheimischen Blütenessenzen"** gibt erstmals einen Überblick über die Essenzen, die aus einheimischen Pflanzen gewonnen wurden. So ist ein Lexikon entstanden, das uns die Vielfalt und Kraft einheimischer Pflanzen dokumentiert. Die von Dirk Albrodt herausgegebene Enzyklopädie ist auf dem aktuellsten Stand. Viele neue Essenzen werden hier erstmals einer breiteren Öffentlichkeit vorgestellt. Wer sich in Mitteleuropa mit der Herstellung oder Anwendung von Blütenessenzen befaßt, erhält hier ein unverzichtbares Nachschlagewerk.

Die Enzyklopädie erscheint im März 1998. Der **Subscriptionspreis** für Direktbestellungen bis zum 28.2.98 beträgt **DM 58.-**

Bestelladresse:
EDITION TIRTA, Hauptstr. 198, D-33647 Bielefeld, Fax 0521-441047

Stichwortregister

Abfiltern 70
Abhängigkeit 161
Abwesenheit 136
Äcker 119
Ackerflächen 147
Aktivitäten, sinnvolle 109
Akzeptanz 103, 117
Akzeptieren 107
Alchemie 86
Alchemisten 60
Alkoholfreiheit 77
Alpträume 90
Alter 127, 149
Alterskrankheiten 149
Ambitionen 153
Analyse, chemische 10
Anerkennung 174
Angst 88, 95, 118, 126
Ängstlichkeit 171
Annahme 109
Anpassen 174
Anthroposophisch 86
Apokalypse 160
Archetyp 21
Ärger 140, 153
Aroma 105
Art 82
Arten, immergrüne 97
Arzneimittelprüfung 134
Arzneirecht 44
Asketisch 106
ätherische Öle 44
Auf der Erde nicht heimisch
fühlen 94
Aufmerksamkeit 174
Ausgleich 121
Austausch wertschätzen 94
Auswegslosigkeit 153
Auwälder 132
Bach, Edward 9, 32, 49, 65, 69,
102, 110, 113, 118
Bachblüten 10

Bachufer 169
Balance 121
Bedrohung 90
Bedürfnisse, körperliche 173
Beeinflußbarkeit 136
Befreiung 153
Beruf 171
Berufen 170
Berührbar 116
Besetzende Gefühle 160
Besetzung 95, 156
Beweglichkeit 153
Beziehungen 145
Bild, inneres 36
Blinder Fleck 28
Blindversuch 12
Bloßstellung 127
Blütendolden 98
Blütenessenzen 44
Blütenkelch 120, 138
Blütenstand 54
Blütezeit 54
Boden, sumpfiger 122
Botanik 82
Branntwein 60
Charisma 136
Dahl, Jürgen 88
Das Leben annehmen 103
Das Unbewußte 103
Denken 109, 175
Denken 150
Denkmuster 127
Denkstrukturen, alte 109
Destillation 61
Deutung 40
Devas 14
Distanz 94-95, 140-141
Dolde 105
Druck 115
Druiden 86
Duft 101
Düfte 96

Ego 164
Eindruck machen 160
Einnahme 77
Einnahmeflasche 76
Einsamkeit 92
Einsicht 109, 126, 174
Eintauchmethode 53
Einzeldosis 77
Einzelkämpfer 161
Eiweiß 154
Emailletopf 68
Emotionen, unterdrückte 147
Empfindlichkeit 117
Empfindsamkeit 90
Energiefluß 142
Engel 14, 112
Entfaltung 109
Entscheidung 120
Entscheidungsfähigkeit 120,
175
Entspanntheit 173
Entspannung 103, 109, 115
Enttäuschung 126
Entwicklungsverzögerungen.
174
Erdrutsche 139
Erdung 136-137
Ergebung in den göttlichen
Willen 109
Erinnerungen 100
Erwartungen 173
Essig 61, 77
Exkarnation 110
Fähigkeit zur Integration 104
Fähigkeiten 104
Familien 81
Farbdeutung 118
Farbe 122, 128
Farbig 146
Farn 32
Feuerstelle 70
Filtergefäße 62
Flaschen 62
Fließen 153
Frau 144

Freigebigkeit 173
Freiheit 153
Freiheit der Reaktion 45
Freiheit von Materie 45, 53
Fruchtknoten 146
Führung 109
Führungsqualität 136
Furchtlosigkeit 136
Gattung 82
Geburtsschmerz der
Individualität 93
Gedächtnis 102
Gefühle zensieren 121
Gefühle, sexuelle 126
Gefühle, negative 145, 160
Gegenwart 101
Geist 106
Gelassen 121
Gelassenheit 174
Gemeinsamkeit 168
Gemeinschaft 95, 161
Geschlechterrollen 165
Geschlechtskraft 127
Gestaltwahrnehmung 86
Gewässer 130
Gewohnheiten 103
Gewürze 51
Giftigkeit 96
Glasschale 62, 66, 73
Glaubenssätze,
selbstbegrenzende 174
Gleichgewicht 115
Gleichgewichtsorgan 122
Gleichzeitigkeiten 86
Glyzerin 77
Goethe 86, 178
Griffel 130
Groll 140, 161
Großzügigkeit 173
Gruppen 161
Gruppendynamik 160
Gruppenprozesse 161
Gruppensituationen 174
Gruppenzwang 126, 169

Halbschmarotzer 122
Halt, innerer 161
Handeln 175
Handlungen,
    selbstzerstörerische 153
Hartherzigkeit 126
Hegi 92
Heilkräuter 51
Heilkräutertinktur 44
Heilwasser 58
Heimat 94
Hellsichtigkeit 109
Herausforderungen 127, 174
Herzenswünsche 126
Hexen 16
Hindernisse 160
Hingabe 90
Hochgebirge 130
Hoffnung 160
Homöopathie 9, 132, 134
Humor 161, 175
I Ging 28
Ideale 106, 132, 136, 144
Idee der Pflanzenfamilien 82
Individualität 92, 95, 127, 158,
    161, 173
Individuum 169
Inhaltsstoffe 134
Inhaltsstoffe, chemische 81
Inkarnation 110
Integration 163, 168
Integrität 168
Intimität 126
Intimität, sexuelle 126
Intuitiv 26
Johnson, Steve 138
Kahlschlagflächen 139
Kampf gegen die Natur 19
Keimblatt 81
Kelchblatt 112, 130
Kernintegrität 174
Kind 53, 90, 92, 109, 142, 150,
    174
Kindheit 128, 161

Kindheitserlebnisse 127
Kindliche Verletzungen 142
Klarheit 129
Kletterpflanze 96, 100, 132,
    154
Kletterstrauch 148
Knäuel 119, 121
Kochtöpfe 62
Kohlenhydrate 154
Kommunikation, verbale 127
Kommunikationsmedium 44
Konflikt 94
Konfrontation 126
Konserviert 60
Konservierung 76
Kontaktfähigkeit 117
Kontrolliert 94
Kontrollverlust 126
Konzentration 109, 174
Krankheit 9, 19, 32
Kritiksucht 103
Kronblätter 130
Kulturpflanzen 30, 31, 49
Lebendigkeit 150
Lebensaufgabe 171, 175
Lebenssinn 127
Lebenszyklus 111
Lehrer 103
Leiden, psychosomatische 147
Leitsymptome 9
Lethargie 175
Linné 81, 131
Lorber, Jakob 58
Loslassen 173
Machtlosigkeit 151
Mangel 173
Mann 144
Männlich 144, 164
Männlichkeit 127
Märchen 15, 24, 80
Massenängste 159
Massenpanik 159
Meditation 109
Mellie Uyldert 102

Menschenansammlungen 173
Mißbrauch 145
Mitte 173
Mitwelt 22
Mond 143, 164, 190
Muskelverspannung 98
Mut 126, 160
Mutter 174
Nacht 143
Nähe 95
Nähe zulassen können 94
Nahrungspflanze 148
Natur 13
Natur, innere 19
Naturkatastrophen 139
Naturschutzgebiet 49
Naturwissenschaft 12
Naturwissenschaft,
  goetheanistische 155
Neandertaler 25
Nebenwirkungen 42, 45
Nervosität 174
Nische, ökologische 47
Nora Week 10
Nostalgisches 103
Nutzpflanzen 137
Nymphe 58
Objektivität 109
Ödland 142
Ökologie, innere 23
Paracelsus 51, 84, 86
Paradies 15
Partnerschaften, symbiotische
93
Pelikan 58
Pflanze, nichtblühende 32
Pflanzen,
  bewußtseinsverändernde 17
Pflanzen, giftige 32, 51, 132
Pflanzenfeen 14
Pflichtgefühl 136
Physiognomie 84
Pilz 32
Pionierstandorte 143, 147

Pipettenflasche 64, 73
Pipettenmonturen 62
Positivdenken 145
Prinzipien, geistige 109
Projektion 33, 109, 145
Prüfungen 127
Psychopharmaka 20
Reaktionsfähigkeit 175
Realitätssinn 126
Regeneration 142
Regenwasser 59
Reinigen 173
Reinigung 142, 153
Respekt 35, 55, 64
Rosette 105
Ruhe 115
Rumpelstilzchen 18
Sammlung 174
Schadenszauber 170
Scham 127
Schamane 16
Schatten 113
Schattenseite 145
Scheingefühle 146
Schläfrigkeit 134
Schlegel, Emil 86
Schmuckblüten 98
Schnabelkännchen 62
Schnelligkeit 109, 114
Schock 174
Schönheit 136, 160
Schuld 127
Schutt 147
Schuttplätze 143
Schutz 109, 171, 175
Schutzmechanismen 173
Seele 12, 110
Seelenblindheit 49
Seelenfrieden 109
Seelenverwandtschaft 30
Seite, dunkle 127
Selbstachtung 136
Selbständigkeit 94
Selbstannahme 127

Selbstbild 157
Selbstbild, sexuelles 161
Selbstdarstellung 173
Selbstentwicklung 109
Selbsterforschung 27
Selbsterkenntnis 136
Selbsttäuschung 109
Selbstüberschätzung 136
Selbstverantwortung 93, 127
Selbstvertrauen 116, 145, 174
Selbstverurteilung 145
Selbstwahrnehmung 175
Selbstwahrnehmung,
  emotionale 127
Selbstwahrnehmung,
  gestörte 124
Selbstwert 136
Selbstzerstörung 175
Sensitivität 173, 175
Sexualität 127, 145
Sich selbst fremd sein 94
Sicherheit 127, 171
Sicherheit, emotionale 121
Sicherheit, innere 117
Signaturen 41
Signaturen, tierähnliche 155
Signaturenlehre 84
Sinn für Priorität 121
Sinn, spiritueller 106
Sinnesorgan 35
Sinnzusammenhang 86
Sokrates 112
Sonne 143, 164
Sonnenmethode 55
Spannung 114, 127, 147, 173,
174
Spiel der Wandlung 28
Spiritualität 145
Sprache 24
Stammbaum der Gefühle 83
Stärke 127
Starrheit 174
Staubblätter 130
Staude 105

Steckenzubleiben 109
Steiner, Rudolf 155
Stengelknoten 115, 147
Sterbende 109
Stickstoff 154
Stock 76
Stolz 94
Synthese 86, 163, 175
Tagebuch 40
Tarot 28
Tau 60, 65
Tautropfenmethode 53
Teilen 173
Teilnahmslosigkeit 136
Tempo des Lebens 109
tierähnliche Signaturen 155
Toleranz 117, 161
Träger 56
Trägersubstanz 44
Transformation 140
Transformationsprozesse 153
Trauer 140
Träumen 173
Träumer 132
Traumzeit 16
Traurigkeit 171
Trichter 62
Tristan und Isolde 102
Tropfmethode 53
Trübstoffe 70
Überblüte 162
überempfindlich 116, 173
überfordert 103
Übergang 109
Übergänge 110, 174
Übergangssituation 112
Überlegenheitsgefühl 106
Überschwemmungen 139
Übersicht 121
Überwältigt 109
Überwältigung 156
Ufer 113
Ufergehölze 132
Umweltschutzbewegungen 22

Undine 58
Unentschlossenheit 119
Ungeduld 117
Unsicherheit 109, 161
Unterdrückung 145
Unvernunft 103
Uressenz 75
Urpflanze 178
Urteilen 103
Vater 166
Veränderung 153
Verantwortungsbereitschaft 161
Verbundenheit, soziale 161
Vergangenheit 100, 102, 136
Vergebung 141
Vergiftend 156
Verhaltensmuster 151
Verhärtungstendenzen 149
Verkrampfen 99
Verkrampft 100, 103
Verlassensein 92
Verletzlich 116
Verletzlichkeit 90
Verletzung 161, 174
Verlorenheit 107
Vermeidung sozialer Kontakte 94
Vertrauen 94, 107, 117, 136, 144
Verwirrung 103
Verwirrung 119, 136
Verwundbarkeit 175
Verzweiflung 153
Vogelblüten 146
Volksnamen 84
Vorratsstärke 76
Wachheit 134
Wahrnehmung 109, 136
Wahrnehmung, übersinnliche 36
Wahrnehmungen, seelische 25
Wahrnehmungssinn, seelischer 36

Wald 47
Wald(rand) 115
Waldbrände 138
Waldränder 113, 132
Wasserfee 58
Wassermann-Zeitalter 168
Wasserpflanze 95
Wegränder 119, 143
Weiblich 164
Weibliches 144
Weisheit 136
Weltbild, astrologisches 86
Wesen der Pflanze 38
Wiesen 105, 148
Wiesendermatitis 106
Wildpflanzen 30
Wille, freier 23
Wirkungsbild, homöopathisches 6
Wunden, seelische 142
Wunschdenken 126
Würde 174
Wurzel 110
Zaghaftigkeit 171
Zärtlichkeit 117
Zeit 97
Zeiterleben 115
Zeitgestalt 179
Zeitlosigkeit 121
Zentriert 121
Ziele 171
Zierpflanze 96, 113, 130, 137, 142
Zivilisation, technische 18
Zorn 126
Zuhören 174
Zukunft 102
Zukunftsvorstellungen 136
Zurückhaltung 120
Zusammengehörigkeit 140
Zusammenschau 82, 104
Zuversicht 103
Zweckaussagen 85
Zweifel 119

Register der Pflanzennamen, deutsch und englisch

Ackersenf 69
Akelei 131, 136-137
Alpenveilchen 91, 94-95
Ampfer 148, 151
Ampfer, krauser 153
Ampfer, stumpfblättriger 151
Angelica 109
Apfel 83
Arnika 174
Aspen 88
Aufrechte Waldrebe 134
Augentrost 124, 126, 128
Balsaminengewächse 112
Bärenklau 83, 105-106, 108-109
Bartfaden 127
Bartfaden-Art 127
Berg-Flockenblume 173
Berufskraut 170
Besenginster 160
Bibernelle 108-109, 112
Birken 47
Bistort 153
Black Eyed Susan 174
Blattrosette 91, 110, 143
Blaue Lupine 161
Bleiwurz 50
Blue Lupin 161
Blutwurz 85
Bohne 51, 154
Braunwurz 123
Breitblättrige Platterbse 161
Brennessel 85
Buchweizen 148, 152
Buttercup 136-137
Calendula 174
Chamomile 174
Chickweed 121
Chicory 173
Christrose 131

Clematis 136
Clover, red 160
Columbine 136
Cow Parsnip 107, 109
Dandelion 173
Desert Primrose, White 145
Dill 108-109, 111
Distel 172
Doldenblütler 54
Doldenblütler 82, 105
Drüsentragendes Springkraut 50, 113, 117
Echinacea 174
Edelkastanie 69
Efeu 132
Ehrenpreis 126, 128
Eiche 69
Einjähriger Knäuel 121
Eisenhut 132, 136-137
Eisenkraut 54
Engelwurz 108-109, 112
Erbse 154
Esparsette 161
Espe 88
Evening Primrose 145
Fingerhut 123, 129
Fingerhut 126
Fireweed 139, 142
Fleischer-Weidenröschen 139
Fleißiges Lieschen 113, 117
Floh-Knöterich 147
Foxglove 126
Fuchs'sches Kreuzkraut 174
Fuchsia 147
Fuchsie 146-147
Gänseblümchen 162, 172
Gänsefingerkraut 83
Garten-Balsaminen 113
Gartenbohne 85
Gartenkerbel 83

Gartennelken 118
Gauchheil 94, 95
Gauklerblume, gefleckte 50, 126
Gauklerblume, rosa 127
Gauklerblume, rote 126
Gauklerblumen-Art 126
Gauklerblume 126
Gefleckte Gauklerblume 50, 126
Geißblatt 132, 133
Geißblattgewächse 96
Geißblättrige Heckenkirsche 100, 103
Gelbe Schafgarbe 175
Gemeine Nachtkerze 142
Gemeine Schafgarbe 169, 175
Gemeine Waldrebe 132, 136
Gemeiner Schneeball 98
Gemswurz, zottige 175
Gilbweiderich 94-95
Golden Yarrow 175
Goldenrod 174
Goldrute 174
Gorse 160
Götterblume 94-95
Habichtskraut 173
Hahnenfuß 131, 136-137
Hahnenfuß, scharfer 136
Hahnenfußgewächse 130
Hasenklee 159-160
Heckenkirsche, orange 103
Heckenrose 69
Heidenelke 121-122
Holunder 52, 54, 103-104
Holunder 96
Honeysuckle 103-104
Honeysuckle, orange 103
Hookers Nachtkerze 145
Huflattich 174
Hundskamille 174
Indian Pink 121
Jelängerjelieber 101
Kamille, strahlenlose 174
Karotte 108-109

Kartoffel 51
Klee 154
Klee, roter 159, 160
Klee, weißer 157, 160
Kleinblütige Nachtkerze 143, 145
Knäuel, einjähriger 121
Knöterichgewächse 147
Kohldistel 173
Königskerze 123, 126-127
Korbblütler 162
Krauser Ampfer 153
Kreuzkraut, Fuchs'sches 174
Küchenschelle 136-137
Lärche 50
Larkspur 136
Leimkraut-Art 121
Lichtnelke, rote 121
Linse 154
Löwenmaul 123, 127
Löwenzahn 99, 162, 172-173
Madia 174
Margerite 175
Medizinalrhabarber 153
Mehlprimel 96
Meisterwurz 109
Mimose 155
Mimulus 123, 126
Möhre, wilde 83
Monkeyflower, pink 127
Monkshood 136
Moosglöckchen 103-104
Mountain Pride 127
Mugwort 173
Mullein 127
Nachtkerze, gemeine 142
Nachtkerze, kleinblütige 143, 145
Nachtkerzengewächse 137
Nelkengewächse 118
Odermenning 54
Olive 50
Orange Heckenkirsche 103
Orange Honeysuckle 103

Pavie 50
Penstemon 127
Pineapple Weed 174
Pink Monkeyflower 127
Pink Yarrow 175
Platterbse, breitblättrige 161
Poison Hemlock 109
Purpur-Sonnenhut 174
Queen Anne's Lace 109
Rachenblütler 124
Rainfarn 175
Rauher Sonnenhut 174
Red Clover 160
Rhabarber 148
Rharbarber, wilder 153
Rhubarb, wild 153
Ringelblume 174
Rittersporn 136
River Beauty 139, 142
Robinie 155, 161
Rosa Gauklerblume 127
Rose 83
Rosengewächse 82
Roßkastanie 50
Roßkastanie 69
Rote Gauklerblume 126
Rote Schafgarbe 175
Roter Klee 159, 160
Rührmichnichtan 115, 117
Sagebrush 173
Scarlet Monkeyflower 126
Scarlet Pimpernell 94
Schafgarbe, gelbe 175
Schafgarbe, gemeine 169, 175
Schafgarbe, rote 175
Scharfer Hahnenfuß 136
Scheinakazie 161
Schierling 108-109, 112
Schlangenknöterich 153
Schlingknöterich 147, 153
Schlüsselblume 91, 94
Schmalblättriges
  Weidenröschen 138, 142
Schmetterlingsblütler 154

Schneeball 96, 103-104
Schneeball, gemeiner 98
Schneeball, wolliger 98
Schneebeere 96, 103-104
Schöllkraut 85-86
Scotch Broom 160
Shasta Daisy 175
Shooting Star 94
Snapdragon 127
Snowberry 103
Sojabohne 154
Sonnenblume 164, 175
Sonnenhut, rauher 174
Sonnenwend-Flockenblume
173
Springkraut, drüsentragendes
50, 113, 117
Star Primrose 145
Star Thistle 173
Staudenknöterich 148
Staudenknöterich 152
Stechginster 160
Stern-Nachtkerze 145
Sternmiere 122
Sticky Monkeyflower 126
Strahlenlose Kamille 174
Stumpfblättriger Ampfer 151
Sumpf-Schafgarbe 169, 175
Sunflower 175
Sweet Pea 161
Tansy 175
Tausengüldenkraut 188
Tormentille 85
Trümmerblume 141
Tufted Vetch 161
Twinflower 103
Vogel-Sternmiere 121
Vogelwicke 161
Wald-Wachtelweizen 128
Waldgeißbart 83
Waldrebe, aufrechte 134
Waldrebe, gemeine 132, 136
Waldwachtelweizen 127
Walnuß 50

Wasserfeder 94-95
Water Violett 94
Wegwarte 173
Weidenröschen,
  schmalblättriges 138, 142
Weidenröschen, zottiges 142
Weigelia 103
Weigelie 103-104
Weigelie 96
Wein 133
Weinrebe 50
Weißer Klee 157, 160
White Desert Primrose 145
Wiesenkerbel 83
Wiesenraute 131

Wild Rhubarb 153
Wilde Möhre 83
Wilder Rharbarber 153
Windflower 136
Wolliger Schneeball 98
Wurzelstock 91, 105
Wüsten-Nachtkerze 145
Yarrow 175
Yarrow, pink 175
Zinnia 175
Zinnie 175
Zitterpappel 88
Zottige Gemswurz 175
Zottiges Weidenröschen 142

Register der Pflanzennamen, botanisch

Achillea clytedata 175
Achillea millefolium 169, 175
Achillea millefolium var. rubra
175
Achillea ptarmica 169, 175
Aconitum delphinifolium 136
Aconitum napellus 132, 136
Aesculus hippocastanum 50
Aesculus pavia 50
Aesculus x carnea 50
Anagallis arvensis 94
Anethum vulgaris 109
Angelica archangelica 109
Angelica sylvestris 109
Anthemis cotula 174
Antirrhinum majus 127
Aquilegia formosa 136
Aquilegia sp. 131
Arnica sp. 174
Artemisia douglasiana 173
Artemisia tridentata 173
Bellis perennis 162

Calendula officinalis 174
Centaurea montana 173
Centaurea solstitialis 173
Centaurium erythraea 188
Ceratostigma willmottianum 50
Chelidonium majus 85
Chrysanthemum maximum 175
Chrysanthemum vulgare 175
Cichorium intybus 173
Cirsium oleracea 173
Clematis 130, 136-137
Clematis recta 134
Clematis sp. 131
Clematis vitalba 132, 136
Conium maculatum 109
Cyclamen purpurascens 91, 94
Daucus carota 109
Delphinium depauperatum 136
Dianthus deltoides 121
Digitalis purpurea 126
Dodecatheon hendersonii 94
Doronicum clusii 175

Echinacea purpurea 174
Epilobium angustifolium 138, 142
Epilobium fleischeri 139
Epilobium hirsutum 142
Epilobium latifolium 139, 142
Erigeron 170
Euphrasia stricta, E. officinalis 124, 126
Fagopyrum esculentum 148
Fallopia aubertii 147, 153
Fuchsia x hybrida 146-147
Glycine soja 154
Helianthus annuus 164, 175
Helleborus sp. 131
Heracleum lanatum 109
Heracleum mantegazzianum 106
Heracleum sphondylum 105, 109
Hieracium pilosella 173
Hottonia palustris 94
Impatiens 117
Impatiens balsamina 113
Impatiens glandulifera 50, 113, 117
Impatiens noli-tangere 115
Impatiens noli-tangere 117
Impatiens sultani 113, 117
Juglans regia 50
Larix decidua 50
Lathyrus latifolius 161
Lens culinaris 154
Linnea borrealis 103
Lonicera caprifolium 100, 103
Lonicera ciliosa 103
Lupinus rivularis 161
Lysimachia vulgaris 94
Madia elegans 174
Matricaria martricarioides 174
Melampyrum sylvaticum 127
Mimosa pudica 155
Mimulus cardinalis 126
Mimulus glutinosus 126

Mimulus guttatus 126
Mimulus guttatus 50
Mimulus lewisii 127
Oenothera biennis 142
Oenothera deltoides 145
Oenothera hookeri 145
Oenothera parviflora 143, 145
Oenothera taraxacoides 145
Oliva europaea 50
Onobrychis viciifolia 161
Penstemon davidsonii 127
Penstemon newberryi 127
Peucedanum osthrutium 109
Phaseolus vulgaris 85, 154
Pimpinella saxifraga 109
Pisum sativum 154
Polygonum alaskum 153
Polygonum bistorta 153
Polygonum persicaria 147
Populus tremula 88
Potentilla erecta 85
Primula farinosa 96
Primula veris 94
Pulsatilla sp. 136
Ranunculus acris 136
Ranunculus occidentalis 136
Ranunculus sp. 131, 136
Reynoutria japonica 148
Reynoutria sachaliensis 148
Rheum officinale 153
Rheum palmatum 153
Rheum sp. 148
Robinia pseudoacacia 155
Robinia viscosa 161
Rudbeckia hirta 174
Rumex crispus 148, 153
Rumex obtusifolius 151
Sambucus nigra 52, 103
Scleranthus annuus 119, 121
Scrophularia nodosa 123
Senecio fuchsii 174
Silene californica 121
Silene dioica 121
Silene-Arten 122

Solidago sp. 174
Stellaria media 121
Symphoricarpus albus 103
Taraxacum officinale 99, 162, 173
Thalictrum sp. 131
Trifolium arvense 159-160
Trifolium pratense 159-160
Trifolium repens 157, 160
Tussilago farfara 174
Ulex europaeus 160
Verbascum thapsus 127

Veronica officinalis 126
Veronica persica 126
Viburnum carlesii 103
Viburnum fragans 97
Viburnum lantana 98, 103
Viburnum opulus 98
Vicia cracca 161
Vitis vinifera 50
Weigelia florida 103
Zinnia elegans 175

Der Autor

Peter Ekl, Jg. 54, Heilpraktiker, lebt und arbeitet in Oberbayern. Er beschäftigt sich seit über 20 Jahren mit Heilpflanzen, vor allem mit der Blütentherapie nach Dr. Bach und der Erforschung von neuen Blütenessenzen aus der Flora Mitteleuropas.

Dazu hat er 1988 den *Blüten-Arbeitskreis e.V.* in Steyerberg mitbegründet. In der Praxis, durch seine Forschungsarbeit und während seiner ausgedehnten Lehrtätigkeit - besonders in Seminaren zur Naturerfahrung mit Blütentherapie - hat er die Erfahrungen gesammelt, die in diesem Buch veröffentlicht werden.